UMA HISTÓRIA PARA MEUS NETOS

Texto de Célia Valente baseado em depoimento com redação final do autor.

Equipe de Realização – *Revisão*: Luicy Caetano de Oliveira; *Produção*: Ricardo W. Neves e Adriana Garcia; *Assessoria Editorial*: Plinio Martins Filho; *Capa*: Adriana Garcia.

Uma História para Meus Netos

*Recordações de
Fiszel Czeresnia*

EDITORA PERSPECTIVA

Direitos reservados à

EDITORA PERSPECTIVA S.A.

Av. Brigadeiro Luís Antônio, 3025
01401-000 – São Paulo – SP
Fone: (011) 885-8388
Telefax: (011) 885-6878

Impresso no Brasil
1998

À Rosa,
Tamara e Milton, Iara e José, e
aos meus netos
Ilan, Rubens, Iris, Hana, Dalia, Lea e Ester,
que nasceu quando eu já havia terminado
de relatar essa história.

SUMÁRIO

Introdução 11
1. Se Tivesse Permanecido na Polônia 15
2. Primeiro Contato com o Brasil 51
3. Arranjei um Emprego 75
4. A Organização Sionista 95
5. Decisão da ONU 121
6. De Volta ao Brasil 149
7. Hebraica 167
8. O Destino nos Leva por Caminhos Inesperados 197

Introdução

Eu tinha dois motivos para escrever este livro:

O primeiro é que queria contar minha história, aos meus netos. Embora seja uma história parecida com a de muitos outros avôs, torna-se importante por ser a história do avô deles. Quem me apontou esse motivo e me estimulou nessa empreitada foi Rosa, minha mulher e avó dessas crianças.

O segundo motivo é que questões judaicas fazem parte de minha vida desde os anos 20, na Polônia, e este relato poderá ter algum interesse para os que acompanham a trajetória recente do povo judeu.

Muita gente costuma manter diários. Eu nunca tive esse hábito, por isso, equívocos, imprecisões e até erros, inevitáveis, já que estava com 72 anos (dezembro de 1995) ao concluir este livro. Repasso, portanto, praticamente setenta anos de minha vida, acabarão surgindo nessas memórias. Peço desculpas se cito pessoas ou se menciono acontecimentos de maneira incorreta.

Não me recordo de ter sentido uma alegria tão absoluta quanto a de ter celebrado o casamento de minhas filhas. Tamara e Iara, à minha frente, sob a *chupah* pareciam princesas das lendas. Minha felicidade era plena. Meu íntimo mais profundo estava em paz, eu não tinha dúvidas. Concentrei-me para não chorar, mas, ao abençoar os noivos, desabei.

A lembrança das cerimônias se confunde em um turbilhão de emoções. Cumprimentava, abraçava e beijava os convidados; dançava, cantava e comia, enquanto pela minha cabeça, passavam a infância em Stopnica, a juventude em São Paulo e a imensa sorte de meu casamento com Rosa; o nascimento das meninas e a aventura de conduzir a família da maternidade para casa a cinco quilômetros por hora, sua infância na escola I. L. Peretz e no jardim de infância de Holon; vestibulares e formaturas da Tamara na Poli e da Iara na Medicina da USP. Sou um pai coruja. Criamos filhas maravilhosas. Nosso jardim foi o melhor cenário para nossa felicidade.

Pela primeira vez, tomo consciência de que estou ficando velho. Não tinha me dado conta disso até um dia desses, quando fiquei doente. Foi uma estranha sensação. Estou refeito fisicamente. Do ponto de vista emocional, tenho certeza de que ainda não quero morrer.

Olhando para trás, sinto-me bem, muito bem. Nunca fui do tipo que sai assobiando pelas ruas, mas não me queixo, acho que fiz o que as circunstâncias me permitiram fazer. Se mais não fiz, foi porque não estava disposto, ou porque não estava preparado. Ao longo dos anos, acabei entendendo que essa é a sabedoria da vida. Não me arrependo disso, assim como não me arrependo de não ter tido mais desejos. Quando criança, não tive brinquedos, mas não os desejei. Estavam além do que eu almejava.

A rotina foi me levando pelo seu caminho como se ela tivesse todo o poder, e eu, nenhum. É uma confissão que me permito agora, pela primeira vez.

Aprendi a me aceitar melhor com o passar do tempo e, finalmente, senti uma luz brilhando em meu íntimo quando li que "contemplar é amar", porque parecia que Hermann Hesse havia escrito isso pensando em mim. Então eu era um contemplativo, um preguiçoso que no fundo adorava o *dolce far niente*. E assim amo o mundo à minha maneira.

O livro que o meu eventual leitor, afora os meus netos, há de ter em mãos, deve muito de sua forma material à equipe da Editora Perspectiva, que o produziu com muita dedicação e à qual agradeço com o meu reconhecimento.

ה

Se Tivesse Permanecido na Polônia...

Se tivesse permanecido na Polônia, onde nasci, se não tivesse havido uma guerra mundial, extermínio, enfim, se a vida tivesse sido outra, eu teria sido rabino. Era o meu caminho, não havia outro, naquele vilarejo gelado, para um aplicado aluno da *ieschivá* como eu. Quando minha mãe anunciou que emigraríamos para o Brasil, o diretor da escola onde eu estudava propôs: "Deixe o menino mais velho, nós cuidaremos dele. Ele poderá tornar-se um sábio da religião judaica".

Mas o destino não quis assim. Saí de meu país natal, houve o Holocausto, e me tornei agnóstico.

Não acredito na existência de Deus. Estou sereno por dentro. Intelectualmente, é claro. Quando me perguntam se acredito em Deus, respondo com outra pergunta, como dizem que todo bom judeu costuma fazer: "O que é Deus para você?"

Até hoje ninguém me respondeu. De minha parte, digo que não consigo acreditar na existência de um Deus que permite uma matança como a que ocorreu durante a Segunda Guerra. Penso no milhão de criança assassinadas – crianças que, segundo a religião judaica, não podem ser responsabilizadas pelos seus atos até os treze anos de idade – e me pergunto: o que fizeram a Deus? O escritor italiano Primo Levi escreveu: "Se existe Auschwitz, Deus não pode existir".

Não acredito no que aprendi na escola. Não acredito que haja um senhor de barba branca sentado no céu, mandando em tudo. Acredito no Deus dos Profetas, da justiça social, da ética e da moral.

Não aceito histórias como a que ouvi um dia desses da boca de um rabino. Vou contá-la porque, como lenda, é uma beleza.

"Era uma vez, no século XIII, em Rotenburg, na Alemanha, um famoso rabino. Conhecido como o Grande Sábio de Rotenburg, havia sido preso por um príncipe. O príncipe estava necessitado de dinheiro e prender figura tão ilustre poderia significar um resgate. Afinal, era um líder espiritual, pelo qual a comunidade certamente estaria disposta a pagar uma boa soma. Só que o refém entendeu a artimanha e, imaginando que haveria sucessivos episódios de prisão, extorsão e libertação, mandou dizer que nada dessem em troca de sua liberdade. Disposto a ficar detido até que o príncipe o esquecesse, pediu tinta e pergaminho para escrever. Quando já estava conformado com o esquecimento, uma mão divina atravessou milagrosamente os espessos muros da prisão e lhe deixou o décimo terceiro exemplar da Torá. Ele sabia que aquele era um exemplar especial: por expressa ordem divina, havia sido escrito por Moisés um dia antes de sua morte, juntamente com outros doze exemplares, um para cada uma das doze tribos, e entregue a Deus, no céu. Emocionado, entendeu que deveria copiá-lo. Quando cumpriu sua longa tarefa, a mão divina atravessou novamente os muros da prisão e levou de volta o exemplar que lhe pertencia. Anos depois, sentindo que estava morrendo, quis deixar a cópia que havia feito a seus conterrâneos. Colocou-a numa caixa e atirou-a no rio que cercava a prisão. O tesouro ficou à deriva por longo tempo. Pescadores que se aproximavam não conseguiam capturá-lo. O príncipe, irado com os anos que passavam sem que se conseguisse algum resultado, mobilizara toda a sua frota. Mas ninguém, nem o mais hábil marinheiro, era capaz de resgatar a caixa. Resolveu então chamar um membro da comunidade judaica.

UMA HISTÓRIA PARA MEUS NETOS 17

Mal o judeu chegou à margem do rio, a caixa aproximou-se. A Torá foi entregue à comunidade de Worms. Catorze anos depois de sua morte, o corpo do rabino ainda estava intacto."

– Você acredita nisso? – perguntei ao rabino assim que ele terminou a narrativa.

– E como não? Está escrito! – foi sua resposta.

Apesar de meu ceticismo, sou profundamente judeu. Não resolvi adotar o judaísmo, ele brota de dentro de mim, e posso dizer que nunca tive problema de identidade. Olho o mundo com olhos de judeu.

É como aquela história, não sei se anedota ou fato. Em 1905, um judeu, morador de uma pequena cidade da Polônia, está na casa de estudos ouvindo outro ler os jornais da semana em voz alta. Uma manchete desperta sua curiosidade: "Os japoneses ocupam Port Arthur". Ele se preocupa e pergunta: "Isso é bom ou ruim para os judeus?"

Sou o melhor judeu que consigo ser. Não sei se sou suficientemente bom, mas tento. Acredito que se pode ser um bom judeu sem ter fé e sem seguir os ritos da religião. Não jejuo no Dia do Perdão e como carne de porco, pouca, é verdade, porque acabei me convencendo de que não gosto de seu paladar. Mas em *Rosch Ha-schaná* e *Iom Kipur* vou à sinagoga. Gosto de ler, de acompanhar a liturgia. Vou principalmente porque me sinto solidário com os outros judeus.

Uma das emoções mais intensas que senti na vida está ligada à religiosidade. Eu estava em psicoterapia quando, depois de uma sessão, para minha surpresa, o terapeuta me acompanhou até o portão e convidou-me a entrar em seu carro. Levou-me até o mercado das flores e me presenteou com uma muda de laranjeira e outra de limoeiro. Explicou que queria me ajudar a reencontrar o cotidiano simples da natureza e, com isso, minhas raízes. Dizia que, no fundo, eu não passava de um camponês.

Levei as mudas para a casa que possuía em Itapecerica e, assim que cheguei, abri covas para transplantá-las. Senti uma vibração inexplicável. Mais do que uma profunda emoção, foi um júbilo. Uma bênção em hebraico me saiu dos lábios e desejei que as mudas se transformassem em árvores e dessem frutos. Não sei se era o que o terapeuta esperava, mas afeiçoei-me à jardinagem. Guardo com carinho o poema que meu amigo Julio Mester me dedicou:

O Jardineiro

Invejo meu amigo: cultiva flores.
A natureza celebra gente assim.

Desponta branco do verde,
pássaro silencioso e sem dores,
acaricia pétalas, sorve odores
e passeia calmo no seu jardim.

Invejo meu amigo: cultiva flores.
Seu coração exala perfumes
mais que a poesia, pobre de mim ...

Acredito nas leis da natureza porque, como dizia o filósofo Espinosa, os ângulos de um triângulo somam sempre 180 graus e Deus não consegue fazer diferente. Acredito, como Einstein, que exista algo além do que se consegue pensar. Não sei o que poderia ser, justamente porque está além do que se consegue pensar.

Josef, meu pai, não era um homem muito erudito, mas entendia e acreditava no que dizia quando rezava. Minha mãe, Frymet, tinha a religiosidade da mulher judia – preparava o jantar para o marido sexta à noite e guardava o sábado. Nunca falava em Deus, mas implorava pelo bem dos filhos quando acendia velas às vésperas de Iom Kipur. Eu chorava, porque ela me fazia chorar com sua ternura de mãe. Esses são gestos que fazem sentido para mim.

Acredito que ser judeu é pertencer à história, à tradição do povo judeu. Fazer parte de um povo que não é nem melhor nem pior, apenas diferente dos outros. Não existe outro que tenha se mantido dois mil anos sem uma base territorial e que, espalhado pelo mundo, tenha conservado sua identidade. Shlomo Avineri, sociólogo israelense, conta a seguinte história:

Ele e outro professor, um escocês, estavam jantando em Oxford, na Grã-Bretanha, na casa de um colega inglês, judeu. A certa altura, o anfitrião lhe perguntou:

UMA HISTÓRIA PARA MEUS NETOS

– O que me diferencia do colega escocês? Nada. Afinal, como ele, sou professor universitário, ateu e membro do Partido Trabalhista.

Ao que Avineri respondeu:

– Quando você passa os olhos pelo jornal e se depara com a palavra Israel, ela lhe diz algo diferente do que diz a seu colega, e você quase com certeza se detém.

Trabalhei longos anos em instituições judaicas e ainda não abandonei essa idéia; participo de um programa diário de rádio no qual transmito notícias de Israel. Isso me dá grande satisfação. Luto pela continuidade e, como não sou religioso, luto pela centralidade de Israel. É um fator de coesão. Luto para que não percamos essa referência.

Mas por quanto tempo conseguiremos mantê-la? Tenho dúvidas. Religião e nacionalidade judaica foram sinônimos quando da formação dessa nação, mas estão cada vez mais distantes uma da outra. Israel é um Estado laico que impõe preceitos religiosos a um povo que não é religioso em sua maioria. Em razão da assimilação, prevê-se que em 2020 a população judaica fora de Israel passará de 10 para 9 milhões. Considerando que somos, ao todo, apenas cerca de 14 milhões, a cifra me parece preocupante. Temo que, a longo prazo, a assimilação acabe com parte considerável de nosso povo.

O processo tem sido constante e amplia-se de acordo com circunstâncias históricas, como depois da Revolução Francesa de 1789, quando os guetos se abriram e seus moradores puderam viver em igualdade de condições com os outros cidadãos. Os muros evitavam que os judeus saíssem e se misturassem aos *goim*, não-judeus, mas também evitavam que eles entrassem.

Mas por que não houve assimilação nos *schtetels*, típicos vilarejos da Europa Oriental onde os judeus constituíam a maioria da população e tinham um nível cultural superior aos camponeses locais? Porque as maiorias se mantêm íntegras, e suas culturas, dominantes, acabam se impondo.

Conta o Talmud que os judeus que viveram no Egito, durante centenas de anos de escravidão, não se assimilaram porque conservaram seus nomes originais. Acho isso tão bonito! Meu já falecido amigo, Benjamin Raicher, quando apresentado a alguém, logo perguntava: "Como se chama seu filho?" Eu estranhava isso, até ele me explicar que se percebe a tendência de um judeu à assimilação pelo nome dado aos filhos. Naquela ocasião, eu ri, mas depois comecei a prestar atenção. Notei que geralmente os judeus mais convictos fazem o que fiz sem me dar conta: escolhem nomes que carregam sentido histórico. Dei às minhas filhas os nomes de Tamara e Iara. Tamara, nome de uma tia de Rosa que queríamos homenagear, é também a fruta, a tâmara, nome hebraico de pronúncia fácil em São Paulo ou em Moscou. Isso sempre vem à cabeça dos judeus. Quem sabe não haverá outro desterro? Iara é madressilva, em hebraico, e é também um nome indígena.

Os nomes dos meus netos, filhos de Tamara e Milton, também estão ligados à realidade de Israel e à língua hebraica. Ilan, em hebraico, é árvore; Iris é uma flor; Dalia, outra flor. Iara e José deram a seus filhos nomes bíblicos. Rubens, filho de Jacó e chefe de uma das doze tribos que constituíram o povo judeu; Hana, a mãe do profeta Samuel, e Lea, uma das matriarcas do nosso povo, mulher de Jacó.

Meu próprio nome, Fiszel, significa "pequeno peixe" em ídiche, e peixe é vida. É um nome típico dos judeus da Europa Oriental, que não tinham dúvidas sobre que nomes dar aos recém-nascidos, pois os escolhiam entre o do bisavô, o do avô ou ainda o do tio falecido. Meu pai não registrou meu segundo nome. Talvez achasse desnecessário, pois todo Fiszel é também chamado de Froim, Efraim em português, em homenagem ao neto de Jacó, e de acordo com o Tanach, significa "sucesso". Assim sou convidado para a leitura da Bíblia. Acredito que meu sobrenome, Czeresnia, uma cereja escura, tenha sido adotado depois da Idade Média.

Às crianças de minha família, que carregam nomes tão significativos, devo algumas explicações. Imagino que se perguntem, intrigadas: "Afinal, que povo é esse ao qual pertencemos? Quem pode se dizer judeu?" Minha resposta é simples. Judeu é aquele que se sente judeu. Mas há várias definições. Para os religiosos, são aqueles nascidos de mãe judia ou que se converteram de acordo com a Halakhá, a lei religiosa. Mas, invertendo a explicação tradicional, o primeiro-ministro de Israel, Shimon Peres, lançou uma frase que me pareceu

UMA HISTÓRIA PARA MEUS NETOS

interessante: "Judeu é aquele que tem filhos judeus", ou seja, aquele que educa seus descendentes como judeus.

As interpretações sempre existiram no mundo judaico. O melhor exemplo talvez seja o de um não-judeu que queria converter-se, isso há mais de dois mil anos. Primeiro, procurou o rabino Shamai e lhe disse:

– Gostaria de me converter, mas com uma condição: ensine-me o judaísmo em pouco tempo, não mais que o suportável para me manter sobre uma perna.

Shamai, indignado com o insólito pedido, mandou-o embora. O gentio fez o mesmo pedido a outro rabino, Hilel, menos inflexível, que propôs:

– Vou te dizer o básico: não faças ao outro o que não queres que te façam. Quanto ao resto, vai e estuda.

Ninguém sabe até que ponto história e lenda se confundem, mas a primeira menção feita aos judeus na história da Antigüidade refere-se aos "hebreus". O termo vem de *ibiro*, *ivrim*, em hebraico, "o que veio do outro lado". Eram "os que vieram do rio Eufrates", tribos nômades que chegaram ao Egito em busca de alimentos e se tornaram escravos por gerações e gerações. Entre eles estava Abraão, aquele que viria a ser o patriarca dos judeus, a quem Deus prometera grande prole e muitas terras. Diz a Bíblia que, séculos mais tarde, os descendentes dos doze filhos de Jacó, seu neto, filho de Isaac, foram reconduzidos para Canaã, a Terra Prometida.

Na minha opinião, a história de nosso povo, como nação, começa com essa longa travessia para a liberdade. O êxodo do Egito, liderado por Moisés, levou mais de quarenta anos para que somente os nascidos durante o trajeto, que não haviam conhecido a escravidão, povoassem essa terra. Doze tribos, clãs que descendiam dos filhos de Jacó, instalaram-se em territórios vizinhos e delimitados. Tinham conselhos de anciões, autônomos, liderados por juízes e profetas, que em nome de Deus os advertia quando se desviavam do bom caminho.

Admiro os profetas Jeremias, Isaías e Amós, porque tiveram a coragem de contrariar os poderosos e mostrar-lhes que estavam pecando. Pediam justiça para os pobres. Essa preocupação sempre me foi cara, provavelmente porque eu era pobre. Descobri mais tarde que a mensagem socialista que tanto me agradou na juventude não passava de uma familiar mensagem judaica.

A crença em Deus manteve as tribos unidas até a morte do rei Salomão, mandatário da tribo de Judá. Dez das doze tribos que viviam ao norte resolveram independer-se e formaram o chamado "Reino de Israel". Ao longo dos tempos, assimilaram-se às populações locais. As outras duas tribos, do sul, formaram o "Reino de Judá", com a cidade de Jerusalém como capital. Dizem que todos os judeus do mundo atual descendem dessas tribos.

O povo do Reino de Judá cresceu e multiplicou-se. Criou raízes, até que a invasão de Jerusalém e a destruição do Primeiro Templo por Nabucodonosor, rei dos babilônios, em 586 a.C., deram início ao exílio para a Babilônia. Cinqüenta anos mais tarde, o rei Ciro da Babilônia permitiu que os judeus voltassem a Jerusalém e construíssem um Segundo Templo. No século I da era cristã, porém, o Reino de Judá foi novamente invadido, dessa vez pelos romanos. O Segundo Templo foi destruído e seu povo, o povo judeu, iniciou o que chamamos de Diáspora, a grande dispersão pelo mundo. Durante séculos foram se espalhando... Lentamente, atravessaram o mar Mediterrâneo e por volta do século X de nossa era chegaram ao leste europeu, de onde venho. Em Stopnica, minha cidade natal, no centro da Polônia, encontram-se registros de famílias judaicas desde 1663.

Do dia em que nasci, 2 de fevereiro de 1923, até um dia qualquer de maio de 1934 em que parti rumo ao Brasil, vivi em Stopnica, um *schtetl* que não existe mais. A vida era triste, e eu sentia a dor da privação.

Quando eu tinha seis anos de idade, meu pai partiu em busca de *parnusse*, um meio de vida decente, como se diz em ídiche, minha língua materna. Viajou para o Brasil com a roupa do corpo, pois dinheiro não tinha nenhum. O pouco que tinha gastara comprando batatas e carvão para que minha mãe, meus irmãos e eu passássemos o

UMA HISTÓRIA PARA MEUS NETOS

resto daquele inverno. Mas tivemos que suportar mais cinco invernos até que ele nos enviasse as passagens para virmos ao seu encontro. Ele partiu em novembro de 1929. Deixou mamãe, grávida, e quatro crianças entre nove e dois anos: Ruchla, Raquel à moda ídiche, eu, Jcek ou Isaac e Naftula ou Naftali. Nossa irmã Ita, nascida pouco depois de Raquel, havia falecido de escarlatina com um ano e meio. Estávamos todos no ponto, uma espécie de pequena rodoviária, para as despedidas. Recordo-me de sua figura ao subir no ônibus, com uma barba ruiva curta, detalhe pouco usual entre os religiosos, que a portavam longa. Raquel recorda desse momento com tristeza, mas não foi essa a sensação que guardei. Para mim, aquela partida significava esperança – esperança de sairmos dali o mais rapidamente possível. Sentia que a viagem era uma alegria para minha mãe, apesar da separação. Papai ia tentar a vida na América, e esse era um desejo antigo. Meses antes, ela havia escrito ao irmão Israel, que morava no Brasil desde meados dos anos 20, quando tinha vindo para cá sem a mulher, Pessl, atrás de um cunhado: "Estamos passando fome. Meu marido não consegue nos dar *parnusse*. Pelo amor de Deus, mande buscá-lo. É nossa única salvação".

A vida foi muita dura para minha mãe durante o período em que ficamos sós em Stopnica. Nós, crianças, ajudávamos na medida de nosso pouco entendimento da situação, mas isso não bastava. Raquel tinha mais consciência das dificuldades do que nós todos, e sobre ela pesava grande parcela de responsabilidade. Quando nossa mãe sentiu as primeiras dores do parto, por exemplo, tarde da noite ela, uma menina de dez anos, atravessou todo o centro da cidade correndo, até a casa de nossa tia, abriu a porta, encostou-se nela e, incapaz de falar, chorou. Ainda bem que a irmã de mamãe entendeu do que se tratava e foi logo chamar a parteira.

Meu avô materno, Beirel Pluznik, mantinha-se presente como podia – era ele quem me levava à sinagoga aos sábados –, mas, como vivia de favor na casa de minhas tias, suas outras filhas, nem sempre tinha condições de nos ajudar.

Filho mais velho, instintivamente tomei o lugar de meu pai. Quando nascia um menino na nossa comunidade, as crianças faziam

Naftali, Isaac, Leão, Raquel e eu em Stopnica, 1930.

UMA HISTÓRIA PARA MEUS NETOS   25

uma reza especial e a família do recém-nascido retribuía, distribuindo balas. Raquel conta que, quando Lejbusz, que chamamos de Leon, nasceu, quem toda tarde reunia os meninos em casa e organizava as orações era eu.

Meu pai nos mandava dinheiro. Sempre pouco: o equivalente a 10 ou 15 dólares por mês, através de uma ordem de pagamento pelo correio. Às vezes, passavam-se meses sem que nada chegasse. Nas cartas, ele contava que trabalhava muito, que a vida era dura. Morava em São Paulo, numa casa de família na Rua Prates, e comia na pensão de Pinchas Szleif, ali perto, onde se mantinha o *kaschrut*. Vivia como *klienteltchik*, o homem da prestação, aquele que depende de uma carteira de prestamistas: sua função era fazer clientes. Dependendo da época do ano, oferecia colchas, tecidos ou guarda-chuvas de porta em porta. Como vendia em parcelas, tinha a oportunidade de visitar toda a freguesia uma vez por mês e, a cada cobrança, não deixava de oferecer algo novo. Se alguém manifestava o desejo de adquirir algum produto que não constasse de seu mostruário no momento, um casaco, por exemplo, recomendava ao freguês uma ou outra loja da Rua José Paulino, cujos proprietários eram seus conhecidos, e não esquecia de entregar-lhe um cartão de visitas. O cliente escolhia o casaco e acertava o pagamento em parcelas mensais, com papai.

Em Stopnica, a vida não era nada fácil. Raquel tinha só um vestido, cinza de pregas. No inverno, não podia lavá-lo porque não tinha outro para trocar. Quando um de meus irmãos ficou muito doente – não sei ao certo se foi Leon – e não tínhamos dinheiro nem para a consulta nem para os remédios, mamãe, que possuía apenas uma corrente de ouro com um relógio, disse ao médico:

– Doutor, posso lhe dar isso.

Compreensivo, ele pôs a corrente de volta em seu pescoço e respondeu:

– Não se preocupe, vá embora.

Por sugestão de uma de nossas tias, Raquel foi a um posto de saúde onde talvez pudesse receber os medicamentos, mas não conseguiu nada. No fim, o próprio médico nos deu o remédio prescrito.

Para sobrevivermos, mamãe pedia dinheiro emprestado e comprava fiado, dívidas que pagava quando chegava a remessa de meu pai. De vez em quando, recebíamos alguma ajuda de Naftali, Max e Psachie Pluznik, irmãos de minha mãe que desde a Primeira Guerra moravam em Viena, aonde tinham ido para não servir o exército polonês, e de um irmão de meu pai, David, que vivia na Alemanha. Já tio Israel, do Brasil, parecia ter se esquecido de nossa situação de penúria: depois de mandar trazer meu pai, não lhe dava a atenção necessária, ou melhor, os empréstimos necessários para que seu trabalho deslanchasse. Papai se queixava, e mamãe chegou mesmo a escrever ao irmão: "Você, que sempre se preocupou comigo, não me deixe no meio do caminho. Ajude meu marido".

Posso dizer que, durante cinco anos seguidos, ela enfrentou dificuldades para dar de comer aos filhos. Dessa época, não me ficou a sensação da fome, mas da falta de comida – o que é diferente, e talvez um pouco menos dramático.

Havia na cidade muita gente em situação ainda pior que a nossa. Não poucas vezes, minha mãe vestia a roupa de sábado e, com uma amiga, saía pedindo auxílio para as famílias pobres. Na casa de minha própria tia Tsyrl, cujo marido tinha uma oficina de gáspeas de sapato, quando havia trabalho e dinheiro, havia comida. Quando não, passava-se fome. Uma vez, meu primo Naftali, seu filho, e eu, vendemos algumas garrafas de cerveja que conseguimos encontrar num ferro-velho ordinário. Com o dinheiro, compramos um pão de centeio. Foi uma alegria levá-lo ainda quente para a casa dele.

Quando eu tinha pouco mais de seis anos, minha mãe achou que era hora de me matricular na escola pública, mas não havia vaga. No ano seguinte, voltou a fazer minha inscrição e, certa de que já não poderia esperar mais para ver o filho freqüentar os bancos escolares, passou por cima dos trâmites burocráticos e resolveu a questão à sua maneira.

Estávamos no pátio da escola, como todos os candidatos, esperando a chamada do professor, que se orientava pelas certidões de nascimento. O esquema era simples: quando as carteiras compridas onde se sentavam dez ou quinze crianças lotavam, as vagas estavam

UMA HISTÓRIA PARA MEUS NETOS

automaticamente preenchidas. A certa altura, quando sobravam poucos lugares e meu nome ainda não havia sido chamado, comecei a perceber certa preocupação por parte de minha mãe. De repente, sem a menor cerimônia, ela me pegou pela mão e, vendo que as janelas da sala de aula eram baixas, me levantou e pôs para dentro sem dificuldade. Quando percebeu que havia mais crianças que certidões, o professor achou que havia se enganado e nada comentou. Meu assento no primeiro ano primário estava garantido.

Como os outros meninos ortodoxos, eu já freqüentava o *heder*, onde passava parte do dia. O *heder* era uma pré-escola, onde, dos três aos sete anos, os meninos judeus aprendiam a ler em hebraico e a rezar, preparando-se para a *ieschivá*, destinada aos mais velhos. Passei a cursar a escola pública polonesa mista, na outra parte do dia. Minha classe ficava num casarão, distante do prédio principal da escola, e, por coincidência, era só de judeus. Raquel, que não teve a mesma sorte, contava que as meninas judias se sentiam discriminadas pelos colegas e professores. Para começar, como não tínhamos dinheiro para comprar material escolar, Raquel era obrigada a estudar com as amigas, o que já a deixava constrangida. Depois, as *goim*, sempre sentadas nas primeiras filas, jogavam papel picado para os fundos da classe, por baixo das carteiras. Quantas vezes as meninas judias não levaram bronca do diretor, que, irônico, dizia que na Polônia existia um utensílio chamado lixeira e que deveria ser utilizado. E não era só. Havia ainda as aulas de alemão, obrigatórias até 1933, quando Hitler assumiu o poder na Alemanha. Era um aprendizado penoso para as judias, que conheciam o ídiche e, não raro, confundiam as línguas. O professor ficava bravo e gritava, preconceituoso: "Ídiche, você vai falar na sinagoga!"

Minha situação escolar não foi tão desconfortável. Entre nós, alunos, falávamos ídiche, mas misturávamos polonês, falado pela *intelligentsia* judaica nas grandes cidades. Como vivia na periferia da cidade, junto dos *goim*, eu entendia polonês, e por isso era um dos poucos que conseguia traduzir as aulas para os colegas. O professor nunca pronunciou uma só palavra em ídiche na sala de aula, mas acho que só o fato de conhecermos sua condição de judeu nos dava um certo conforto. Além disso, eu gostava muito de aprender e acho que isso amenizava todo o sofrimento.

Nunca vou esquecer, na segunda série, um professor não-judeu que lecionava história natural. Acho que se chamava Jasczynski. Ele sabia aguçar nossa curiosidade e nossa vontade de aprender. Certa vez – que emoção! – nos deu aula à noite. Mostrou o céu, a estrela polar norte, e com isso nos ensinou os pontos cardeais. Nunca mais os esqueci. Outra vez, perguntou o que cada um de nós tinha comido naquela manhã. É claro que todos tínhamos comido pão, e ele então quis saber que tipo de pão. Branco? Preto? Depois, indagou se sabíamos como eram feitos os pães. Eu sabia, porque era o único da sala que havia visto o trigo crescer. No verão, costumava passear a pé pelos campos com meu avô Beirel.

Esse avô, mais conhecido como Dov, era muito ligado ao rabi de Neustadt, que havia se mudado para Stopnica. Juntos, andavam pelos arredores da cidade. O amigo de meu avô tinha adeptos que vinham até de outros *schtetls* para desfrutar de seu convívio durante as festas religiosas. Até os camponeses, que não eram judeus, largavam seu trabalho quando nos aproximávamos e vinham até a beira da estrada pedir a bênção para suas colheitas. Sabiam que aquele era um homem iluminado, qualquer que fosse sua crença.

Quando conheci meu avô, ele já era viúvo, não tinha mais recursos e vivia às expensas das filhas. Era importante para nós, os netos, porque nos dava carinho. Viveu a vida toda com os gentios e sabia falar polonês. Havia sido arrendatário de um moinho numa aldeia próxima, que de longa data pertencia quase inteiramente a um aristocrata polaco. Meu avô pagava uma taxa anual para ter o direito de moer os grãos de trigo e centeio. Não sobrava muito, mas ele tinha moradia e pôde até manter um professor para ensinar os filhos. Foi assim que mamãe aprendeu a ler.

Meu outro avô, Akiva ou Kive, casado com minha avó Szprintse, de Chmelnicki, uma cidade maior que a nossa, não era rico, mas estava bem de vida. Comprava ovos dos aldeões da vizinhança, dava-lhes um banho de cal para que não deteriorassem, e os mandava para os grandes centros. Havia enormes caixotes cheios de ovos cobertos de palha.

Crianças no *heder* com o *melamed* (mestre-escola).

30 *FISZEL CZERESNIA*

Certa vez, era *Pessach* e meu pai já estava no Brasil. Os ovos que havíamos comprado estavam acabando e minha mãe me mandou pedir alguns a meu avô, pois, imagino, não devia ter dinheiro e ovos eram um luxo. Embora a contragosto, obedeci: "Zaide, mamãe pediu ovos". Sem vacilar, ele respondeu que não dispunha de nenhum. Perplexo, mostrei os muitos caixotes que estavam em seu depósito: "Olha lá os ovos". Sem o menor constrangimento, ele respondeu que aqueles não serviam para nós, porque não eram *kascher*. Imagine, isso não existe! Quando contei a minha mãe, ela chorou. Posso avaliar o que isso deve ter significado para ela.

As festas eram muito importantes para nós. Em Pessach, por exemplo, meus pais tentavam nos presentear com uma roupa, era uma tradição. Quando não dava mesmo, tínhamos pelo menos um novo boné.

Ovos e *matzá* eram a alimentação básica de qualquer família judaica naqueles dias. Mamãe trabalhava no forno à lenha montado para o preparo das *matzot*, juntamente com outras mulheres, e, em troca, recebia a quantidade suficiente de pão ázimo para nossa família.

Durante os anos em que papai esteve longe de casa, realizamos o *Seder* em casa de minha tia Tsyrl. Nós levávamos o vinho: uma bebida que mamãe produzia no nosso quarto que também servia de cozinha. Era o resultado de uvas passas que haviam ficado de molho durante um certo tempo e depois eram espremidas em um pano limpo.

Papai trabalhou um certo tempo com meu avô e adquiriu prática em selecionar ovos. Examinando-os contra a luz, sabia se estavam frescos. Também sabia escolher galinhas vivas: dava um assoprão nos seus traseiros e avaliava a quantidade de banha antes de ficar com as mais gordas – eram as que davam os melhores torresmos.

Meu pai nunca teve profissão definida e, desde que me dei por gente, percebi que ele vivia às voltas com sérios problemas financeiros. Muitos judeus que não tinham terra nem comércio estabelecido compravam trigo em grão para revendê-lo moído. Mas exatamente na época em que papai tentava entrar no ramo, as autoridades polonesas decidiram regulamentar essas transações criando cooperativas governamentais que negociavam diretamente com os camponeses. Dizem

UMA HISTÓRIA PARA MEUS NETOS

31

que a medida foi tão drástica que muitas famílias judaicas perderam seu sustento e foram obrigadas a sair do país. Verdade ou não, houve uma onda de emigração para Eretz Israel que foi chamada de Grabski Aliah, numa alusão a Wladyslaw Grabski, mentor das medidas e então ministro das Finanças.

Em outra ocasião, papai arrendou a praça principal da prefeitura para lá organizar uma feira semanal onde os camponeses da região pudessem negociar suas mercadorias. Mais uma vez, não foi bemsucedido, pois dependia demais do tempo. Quando chovia, o movimento era muito fraco.

Havia poucos judeus proprietários de terra, porque, quando chegaram à região, há cerca de dez séculos, as terras já estavam sendo trabalhadas pelas populações locais. Alguns tornaram-se artesãos: sapateiros, alfaiates, ferreiros. Outros foram levados a ocupar posições de intermediários: eram comerciantes, faziam negócios entre os nobres latifundiários, emprestavam dinheiro.

O parco sustento de nossa família resultava de pequenos expedientes, trabalho – se isso pode ser chamado de trabalho – comum entre os judeus. Meu pai percorria as aldeias próximas a Stopnica comprando, vendendo, tentando negociar alguma coisa, qualquer coisa, com os camponeses. Era o que chamavam de *dorfgueier*, aquele que anda pelas aldeias. Não era propriamente um mascate, porque não carregava mercadorias às costas, mas vivia das promessas de trazer um produto a quem quisesse comprar e de encontrar quem estivesse interessado em vender. Recebia encomendas sem ter mercadoria. Chegou até a ir a Lodz, cidade industrial, onde produtos manufaturados como malhas e roupas de lã começavam a aparecer. Às vezes, trazia dinheiro para casa, às vezes não.

A maior preocupação do judeu das pequenas cidades da Polônia era ganhar o suficiente durante a semana para ter um sábado farto. No *schabat*, nosso nível de vida mudava. Para começar, os homens se preparavam freqüentando o banho ritual coletivo, o *mikvé*. Eu acompanhava meu pai. Entrávamos nus até a cintura na água morna, quase quente, de uma pequena piscina quadrada. Depois íamos para o banho a vapor, *schvitzbud*, onde jogavam água sobre uma pedra incandes-

32 FISZEL CZERESNIA

cente para formar o vapor. Um judeu batia nas costas do outro com ramos de folhas. Aqui no Brasil, não sei se porque tínhamos banheiro em casa, meu pai não freqüentava o *mikvé*; aliás, poucos o faziam. Durante a semana, no almoço, comíamos batatas cozidas com cebolinha e, quando havia alguma folga, creme. À noite, a refeição era à base de arenque, pão e café. O café, verdade seja dita, era mais chicórea que café! Mamãe comprava leite quando podia. Meu pai trazia pão de centeio, mais barato que o pão branco e que durava bastante, e leite recém-tirado. Às vezes, havia sopa de batatas. Aos sábados, comíamos *scholent*. Quando havia carne, era servida cozida ou moída, em bolinhos fritos com cebola, *cotletn*. Durante o período que passamos sem meu pai, toda quinta-feira à noite íamos comprar farinha para o bolo do *schabat* no armazém de minha tia Hinda, irmã de mamãe. Ela e o marido, tio Markel Fridman, negociavam com cereais e estavam relativamente bem de vida.

Lembro de muitos sábados sem carne. Mas, ainda assim, eram dias festivos. Depois da reza na sinagoga, por volta de 11 horas, as crianças eram encarregadas de buscar o *scholent*, que antes do início do descanso sagrado tinha sido entregue para cozinhar no forno da padaria. Tínhamos aprendido a avaliar o padrão das famílias pelo tamanho das panelas. Os mais ricos eram donos das maiores, é claro, e seu conteúdo também acusava o nível econômico: se tinha mais ou menos carne no caldo do feijão. Mas, como todos ali não possuíam forno em casa, usavam o da padaria.

Depois do almoço, os jovens iam para a rua. Começava o melhor da vida social. Rapazes e moças faziam *footing* na praça central, caminhavam até a fonte de Shtok Barg, que chamávamos de Pniokl, não sei por quê, ou iam até a capelinha do campo, tão pequena que não tinha um metro quadrado de construção, onde os encontros amorosos eram marcados. Até eu, moleque sem-vergonha, com menos de onze anos de idade, tentei ir à capelinha com uma menina, minha primeira paixão. Era da minha classe, chamava-se Rivka Kupczyk. Era chamada de Kupczykówna, porque em polonês o sobrenome tem declinações diferentes no masculino e no feminino, embora nem todos os judeus as usassem. Eu a achava bonita e tentava provocá-la

UMA HISTÓRIA PARA MEUS NETOS   33

com brincadeiras, mas ela, séria, não queria saber de nada. Era sempre a primeira a chegar à sala de aula. Ficávamos os dois escrevendo no quadro-negro e eu aproveitava a oportunidade para passar giz no seu rosto, tentando acariciá-la, mas ela sempre se esquivava. Uma vez, durante o recreio, jogando bola, tropecei, caí e acabei acertando um pontapé na minha amada. Nada sério, mas ela chorou, o que me deixou completamente desolado. Mandei-lhe um bilhete: "Quero te encontrar atrás da capelinha". Rivka não respondeu.

Dias depois, a mãe dela apareceu lá em casa. Quando a vi chegando, eu me escondi, imaginando que Rivka havia se queixado e que ela lá estava para reclamar. Não era nada disso: tinha apenas ido vender tecidos para mamãe, que preparava nossas roupas para a viagem.

Nas tardes de sábado, ainda menino, ia à casa de estudos, onde era o único da minha idade. Eu me postava em pé atrás da mesa comprida, onde vinte ou trinta homens, sentados em bancos, estudavam o Talmude, conversavam ou ouviam um deles ler em voz alta o *Haint* ou o *Der Moment*, jornais em ídiche editados em Varsóvia e entregues a alguns assinantes em Stopnica. Eu gostava de participar. Tenho a impressão de que minha presença ali se devia ao fato de eu conhecer um dos homens que dirigia os trabalhos, nosso vizinho. Ele morava num cômodo, onde ensinava as crianças durante a semana e, aos sábados, fazia um *minian*, uma reza, com dez, às vezes vinte judeus. Costumava traduzir para o ídiche histórias da Agadá, o livro de lendas do Talmud. Recordo ainda os contos relativos ao Rei Salomão que falava com os animais.

Às vezes, íamos visitar avós e tios. A tia nos dava uma maçã e o tio, um beliscão no rosto, em sinal de carinho. Ofereciam-nos um copo de chá com açúcar, um luxo. Adoçar o chá era uma cerimônia: primeiro eu mordia um pedacinho do açúcar em cubos, sem engolir; depois, tomava um gole do chá. O problema é que sempre acabava de beber o chá, mas sobrava açúcar. Ou vice-versa. Nunca coincidia de chá e açúcar acabarem juntos.

Para não passar o dia à toa, só jogando bola ou correndo no descampado que havia atrás do açougue, nós, meninos, nos encontrávamos na casa do professor. Ouvíamos histórias e comentários da

Ética dos Pais, um livro em que estão reunidos conselhos sobre comportamento: "Tenha bons vizinhos", "Tenha bons amigos"... As meninas eram reunidas na escola para ler histórias extracurriculares. De acordo com os religiosos daqueles anos, era melhor do que permitir que freqüentassem movimentos sionistas, ainda mal vistos. O movimento sionista, fruto da tese do jornalista Theodor Herzl, criava raízes, mas tinha adversários, como os ortodoxos, para os quais só o Messias poderia salvar.

Herzl vivia em Viena, mas foi em Paris, em 1894, quando presenciou manifestações favoráveis à condenação de Alfred Dreyfus, acusado de traição, acompanhadas do *slogan* "Morte aos judeus", que teve mais contato com a realidade judaica. Passou a defender a idéia da criação de um Estado judeu para acabar com as perseguições. Antes dele, a organização Chovevei Tzion, Os Amantes de Sião, na Rússia, e um movimento liderado pelo rabino Alcalai, de Sarajevo, em 1870, já haviam pregado o retorno a Eretz Israel, terra dos ancestrais. Mas a tese tinha uma penetração relativa. Eu mesmo, naqueles anos, não tinha nenhuma aproximação com os sionistas. Era ligado aos ortodoxos da Agudat Israel, partido que mantinha a escola que eu freqüentava. Lembro apenas de um ativista na família, Hershel, filho de tia Tsyrl, ligado ao movimento de esquerda Linke Poalei Tzion, Trabalhadores Socialistas Sionistas. Já os filhos de tia Hinda eram ultra-religiosos. A família de Hinda tinha uma situação financeira razoável, enquanto a de Tsyrl lutava com dificuldades para ganhar o pão. Isso explica em parte as posições ideológicas de meus primos.

Nesses anos que passei em Stopnica, morei em três casas, todas modestas, todas alugadas. Guardei os cenários dessas casas no fundo de minha memória, e durante anos foram um referencial para me situar no tempo.

Nenhuma delas localizava-se em rua com calçamento, e a lama fazia parte de nosso dia-a-dia. Em nenhuma delas havia água encanada ou luz elétrica. Para lavar a roupa, dispúnhamos da água da chuva, recolhida em dois barris de madeira, e, para beber e cozinhar, da água

UMA HISTÓRIA PARA MEUS NETOS

de uma fonte próxima, trazida às quintas-feiras pelo aguadeiro, numa carroça puxada por cavalos. Como se isso não bastasse, não tínhamos cozinha nem banheiro. A higiene diária consistia em lavar o rosto despejando água da bacia com uma caneca, no quarto mesmo. Fazíamos um bochecho e às vezes esfregávamos os dentes com sal, porque, diziam, fazia muito bem. O corpo todo só era lavado uma vez por semana. Os homens iam aos banhos públicos, enquanto mamãe, minha irmã e meus irmãos menores lavavam-se em casa. A água suja era jogada no quintal de areia. Apesar das dificuldades, não deixávamos de seguir os preceitos religiosos de higiene, que recomendavam aspersão de água nas pontas dos dedos ao acordar, para espantar o diabo que à noite se escondia sob as unhas.

Minha mais antiga recordação é de nossa primeira casa, um único cômodo onde vivíamos rodeados por nossos poucos pertences: algumas camas, uma para cada duas crianças, uma mesa, um fogão e uma bacia de esmalte. Nosso quintal dava para um terreno baldio e para uma fossa, por onde corria todo o esgoto das moradias, a nossa e as vizinhas. Além do terreno, havia um lindo pomar de maçãs, cercado, que admirávamos de longe.

Que noção de propriedade pode ter um menino de apenas dois anos e meio? Certo dia, ignorei a proibição da cerca e tentei passar ao pomar, equilibrando-me sobre uma mureta da largura de um tijolo. Quando estava chegando perto, escorreguei e caí na fossa. Foi horrível e as maçãs nem estavam maduras.

Tenho outra imagem de acidente no mesmo cenário. Nossa casa ficava no final de uma ladeira. Estávamos todos os vizinhos por ali, na calçada, cada um com sua cadeira, quando de repente percebemos que uma enorme carroça de palha vinha descendo a rua e que o camponês que a conduzia não conseguia conter os cavalos. O choque foi inevitável. Vieram parar junto de nossas casas. Gritos, barulho de rodas vibrando forte na terra batida, cavalos relinchando e uma das vizinhas, que não teve tempo de correr, caída, ensangüentada.

Quando eu tinha menos de três anos, mudamo-nos para uma casa um pouco melhor: dois quartos e um porão, onde guardávamos as reservas de comida. Era modesta, mas ficava próxima à praça cen-

No *schtetl*: uma cena de rua.

UMA HISTÓRIA PARA MEUS NETOS 37

tral, onde estavam a sinagoga, o *mikvé* e a escola. Foi dessa casa que, no colo de meu pai e embrulhado num *talit*, saí pela primeira vez para o *heder*, onde o *melamed*, o professor de hebraico, dava aulas. Era costume entre os judeus levar os meninos para aprender as primeiras letras do alfabeto no dia em que completavam três anos. A casa do professor Samson não era longe da nossa. Àquele momento solene, tomava-se um gole de licor para um *lekhaim*, um brinde à vida. Aos sete anos, saí de lá lendo hebraico, só que continuava não entendendo a língua. Quando chegava a época de *Rosch Ha-schaná* e de *Iom Kipur*, ele traduzia alguns trechos para o ídiche, para que pudéssemos entender.

Havia dois professores na cidade, o que gerava uma tremenda competição entre eles. Não sei por quê, meu irmão Isaac foi levado a outro *heder*, onde o professor, para não perder o novo aluno, acendeu velas em volta dele e rezou uma oração, um anátema, amaldi-çoando-o com o castigo divino se viesse a abandonar a escola. O nome do merecedor do castigo seria entregue – a quem? a Deus? – e, antes de trinta dias, viria a punição, geralmente a morte. Essa violência espiritual talvez possa ser compreendida diante da situação econômica, pois dependendo do número de alunos que tinham, os professores comiam ou não.

Foi dessa segunda casa que meu pai saiu para sua longa viagem ao Brasil. Pouco depois de sua partida, fomos obrigados a nos mudar. A proprietária alegou que precisava da casa e não queria mais alugá-la. Houve discussões acaloradas, troca de insultos. Eu entendia que o problema era grave, que minha mãe sofria por causa dessa mulher, e procurava ajudar. Um dia, sem pensar muito, quando ela brigava com mamãe perto de casa, atirei-lhe uma pedra que a atingiu bem no meio da testa e a fez sangrar. Sem falsa modéstia, posso afirmar que eu tinha boa pontaria, já que isso fazia parte de nosso dia-a-dia: os *goim* viviam soltando cachorros bravos atrás de nós ou nos atiravam pedras quando passávamos. Lembro bem dos gritos estridentes de nossa senhoria e do escândalo que o atentado provocou, pois, para desespero de minha mãe, ela fez questão de chamar a polícia. Passei o dia todo escondido na horta, entre os pepinos que me serviram de almoço, lanche e jantar, com todos na cidade no meu encalço, inclusive a pobre da minha mãe.

Por sorte, mudamo-nos pouco depois. Fomos para a periferia, onde moravam os *goim*. Meu tio Naftali, de Viena, que estava de passagem por Stopnica, nos arrumou nova moradia, pela qual pagou um ano de aluguel antecipado. Ficava no limiar da cidade, a alguns metros do campo.

O tio nos visitava uma vez por ano, sempre na época do aniversário da morte da mãe, minha avó Raquel, que nenhum de nós conhecera. Trazia duas valises: uma para ele e outra para nós, lotada de chocolates, laranjas, bananas e figos. Conhecíamos essas preciosidades porque havia na cidade uma loja que vendia frutas exóticas. A visão das frutas através da vitrine suscitava em mim tantas fantasias que até hoje, não sei se imaginação ou sonho, tenho na lembrança a imagem de uma melancia aberta que continha quase todas as cores de um magnífico arco-íris.

Nossa terceira casa situava-se numa espécie de vila e limitava-se a um cômodo. Os dois ou três únicos vasos sanitários, que deviam ser divididos com os outros moradores, ficavam num barracão de madeira no fundo do pátio, destrancados. Apenas um deles tinha chave e era de uso exclusivo do senhorio.

Apesar da confusão armada com a proprietária de nossa segunda casa, acho que não aprendi a lição. Quando o sobrinho de nosso terceiro senhorio, o ferreiro da cidade, um gigante, me xingou, não pensei duas vezes: atirei-lhe uma pedra. Dessa vez, apanhei sem dó de seu tio, que me agarrou e me deu um sonoro soco no nariz. Fugi berrando.

Já estávamos morando na periferia quando todos nós, menos Raquel, tivemos sarampo e ficamos dias com os olhos fechados por causa das feridas, que minha mãe tentava amolecer com vapor. Que alegria senti quando pude finalmente abrir os olhos e enxergar! Nesse dia, mamãe nos comprou uma laranja – uma para nós todos – que foi dividida em cinco.

Esse não foi o único problema de saúde que tive. Perto de casa, havia uma pequena serraria e um depósito de toras. Um dia, eu, que nunca tive um brinquedo, tentei levantar uma delas e colocá-la sobre as outras. Se desse certo, teria uma boa gangorra. Mas a tora, muito

UMA HISTÓRIA PARA MEUS NETOS

pesada para um menino, caiu e prensou meu dedo. O ferimento era grave, chegou até o osso. Um velho judeu que morava com sua cabra num porão miserável veio me socorrer. Era um tipo interessante, um solitário que nos contava histórias de peixes de ouro. Nesse dia, sem dizer uma única palavra, cuidou de mim. Recolheu algumas teias de aranha que se esticavam entre as madeiras empilhadas e, com a simplicidade dos humildes, as colocou em cima de meu dedo ferido, enrolando-o em seguida num pedaço de pano. Em alguns dias, o corte estava fechado.

Eu gostava de observar outra figura que morava na vila, o *koimenkerer*, o *goi* limpador de chaminés. Desentupir chaminés era uma profissão, e ele trabalhava muito, limpando todas as chaminés da cidade. Alto e forte, vestia-se de preto e estava sempre com o rosto sujo de cinzas. Fazia suas vassouras ali mesmo, no chão do pátio. Eu o observava, cativado pela destreza daquelas mãos rudes aparando meticulosamente em cima de uma pedra os galhos de chorão que trazia da floresta. Em seguida, amarrava-os com uma corda em volta de uma bola de ferro bem pesada. Densas, firmes, mas ao mesmo tempo flexíveis, as vassouras pareciam um grande espanador sem cabo. Munido de seu instrumento de trabalho, ele subia nos telhados e atirava-o lá de cima dentro da chaminé. O peso do ferro fazia a vassoura arrastar consigo todos os possíveis resíduos de sujeira. Dependendo do caso, ele repetia o movimento várias vezes, até desentupir por completo a chaminé e, antes de sair recolhia a sujeira que se depositava em baixo.

O *koimenkerer* vivia bêbado. Não sei se com ou sem razão, eu tinha medo dele, um medo que muitas vezes se misturava à admiração. Uma coisa é certa: ele nunca me machucou, e nunca mexeu comigo. Mas quando o víamos beber, nós, os meninos, nos escondíamos em casa. Eu sentia tanto pavor daquela figura forte que tinha horrendos pesadelos em que o protagonista era ele. Várias vezes, sonhei que ele me enfiava a bola de ferro goela abaixo e me sufocava.

Havia ainda outra família judia que morava num dos porões de terra batida, esse um pouco maior. Eram os leiteiros. Traziam o leite em latões das terras de algum aristocrata das redondezas, numa carroça de duas rodas puxada por um burrico. Além de vender o leite, fabricavam iogurte, creme e manteiga. Eu gostava de ajudar a fazer a manteiga. Depois de separada do leite, que era guardado para fazer iogurte, a nata era colocada num tonel de madeira mais largo em baixo e depois batida numa tábua redonda com furos até formar a manteiga. Pelo trabalho, eu tinha o direito de tomar o soro que caía pelos furos no fundo do tonel. Shmil, filho dos leiteiros, um ano mais velho que eu, era meu amigo. De vez em quando, levava-me junto quando ia buscar leite. Não sei como, fazia aquela pobre carroça correr pelas estradinhas de terra. Era uma aventura.

Shmil era um moleque forte e esperto, embora ainda analfabeto, e sabia conviver com os não-judeus. Juntos fazíamos coberturas de galhos e folhas no chão limpo e liso do quintal para o tabernáculo de Sucot. Certa vez, achamos que precisávamos deixar o piso ainda melhor e resolvemos jogar nele areia, material farto por ali. Bem perto de casa, havia um descampado onde se ia buscar areia para construção. Fomos na carroça. Do alto de um monte, ele cavava com uma enorme pá e jogava a areia na carroça, enquanto eu, na parte de baixo, tentava fazer o mesmo. De repente, todo o monte desmoronou sobre mim. O peso me apertava o peito, já quase me sufocando, quando Schmil rapidamente usou a pá como alavanca, criando um pequeno espaço, o que me permitiu sair. Por muito pouco não fui soterrado. Não lembro se contei o acidente a minha mãe. Pobre Frymet! Já tinha tantos problemas...

Eu devia ter uns oito ou nove anos quando, um dia, Schmil me disse, solenemente: "Vou te abrir os olhos".

Então, explicou-me com detalhes como se fazem os bebês. Não fiquei surpreso com as revelações. Na escola judaica, tínhamos um programa de leitura de um capítulo da Torá por semana. Havia um capítulo referente ao aborto, outro à menstruação, em que se falava em regras de comportamento sexual, como, para as mulheres, da necessidade dos banhos rituais depois dos ciclos. Quando chegava a vez desses capítulos, já sabíamos que o professor os leria em hebraico e, de propósito, não os traduziria para o ídiche, porque todo ano era assim. Na verdade, nem precisava, porque os meninos mais velhos contavam muitas histórias aos mais novos e inexperientes.

UMA HISTÓRIA PARA MEUS NETOS

Falavam das filhas de camponeses que mantinham relações com os guardas noturnos que faziam a ronda dos pomares para que as frutas não fossem roubadas. Uma delas, diziam, havia gozado com vinte rapazes, um atrás do outro. Falavam também de um gentio que dizia ter um sexo tão forte e tão duro quando ereto que se podia pendurar nele um balde cheio d'água. Contavam outras histórias menos provocantes – e bem mais assustadoras –, como a do homem tuberculoso que trabalhava no matadouro e, de tanto beber sangue de boi, tornara-se um gigante. Havia ainda a história dos dois guardas civis, não-judeus, que tinham prendido um bandido armado no depósito de cereais. Os grandes, os fortes, eram sempre os polacos.

Assim como seus heróis, toda cidade tinha a sua louca. A da minha cidade era judia e chamava-se Rykl. Vivia períodos de insanidade completa e períodos de absoluta lucidez. Quando lúcida, conversava no portão de sua casa, um galpão abandonado que havia sido incendiado, mas cujas quatro paredes e telhado mantinham-se inteiros. Nesses períodos, fazia algum trabalho e aceitava comida ou dinheiro que o pessoal do *schtetl* lhe oferecia. Mas, quando não estava bem, tinha as relações mais promíscuas. Uma sujeira. Os meninos passavam diante de sua casa, atiravam pedras, e ela corria atrás deles. Tinha uma filha de vinte e poucos anos, que também devia ser louca, porque gritava. Ficava muito tempo parada, sentada sobre as pernas cruzadas, sem se mexer. Diziam até que suas coxas haviam ficado coladas à barriga das pernas. Uma vez, cheguei a vê-la da rua, sentada num lugar escuro, mas nunca me atrevi a entrar na casa, porque tinha medo.

Ouvir histórias da vida alheia ou acompanhar, ainda que de longe, os raros acontecimentos da cidade era um bom passatempo. Mas algumas atrações de vez em quando movimentavam a população. Uma delas foi a visita do líder sionista Isaac Grinbaum, que discursou de um balcão que dava para a praça. Ansiosos por ir ouvir o discurso, ficamos frustrados quando o professor nos proibiu de sair da sala de aula. Como discordava politicamente do visitante, não queria que houvesse público na praça. Outro acontecimento foi a chegada do líder dos sionistas de esquerda, um grande orador apelidado de Zerubavel, nome de um herói judeu da Babilônia. Não era religioso, andava com a cabeça descoberta, mas usava uma barba enorme. Ele chegou de trenó. Era inverno. O pessoal do Linke Poalei Tzion, partido a que pertencia, saiu para recepcioná-lo fora da cidade. Desatrelaram os cavalos e puxaram o trenó até o centro de Stopnica. Era uma deferência especial, uma honra. Muitos anos depois, nos anos 40, Zerubavel veio a São Paulo, onde tive o prazer de encontrá-lo e de lhe servir de intérprete em entrevistas à imprensa.

De tempos em tempos, chegavam à vila artistas visitantes, tanto judeus como não-judeus, e o espetáculo era montado no "treater" – assim eu falava "teatro" –, geralmente improvisado num grande galpão que era a sede dos bombeiros. Quando havia representação, os carros eram retirados para a montagem do palco, traziam-se cadeiras e estava preparado o cenário para a encenação. Lembro de uma semana de exibição de filmes, ou melhor, dos preparativos já que não pude ir assisti-los. Nem eu, nem ninguém em casa, afinal custava dinheiro. Algumas vezes me perguntei quanto poderia ter custado o ingresso. Mas não importa, não podíamos pagar. Acompanhei a montagem da instalação elétrica: os fios foram puxados até o moinho d'água, que, ao girar, acionava um gerador. Os mais religiosos não compareciam. A cabeça deles não estava para cinema.

Acho que o único espetáculo que acompanhei de perto foi a corrida em volta da praça de um pobre-diabo, parente de um morador, que apareceu vestindo camisa vermelha, calção amarelo e se exibia com guizos para chamar a atenção. Quando dava a última volta, passava o chapéu, pedindo dinheiro.

Nós, de Stopnica, não tivemos cinema nem teatro de verdade. De teatro, tudo o que sei foi contado por meu pai. Ele era tesoureiro de um grupo de ajuda médica aos pobres, Linat Hatzedek, que promovia espetáculos para angariar fundos e comprar remédios. Os próprios membros do grupo eram os atores. Meu pai sempre falava de uma peça, *José e seus Irmãos*, representada em ídiche, naturalmente. Cheguei a ver o palco, o cenário, mas nunca assisti ao espetáculo, que foi encenado no galpão dos bombeiros.

Eu costumava ir à sede dos bombeiros, não para assistir a alguma peça, mas porque havia ali uma torre de madeira – para mim,

UMA HISTÓRIA PARA MEUS NETOS 43

muito alta – na qual eles faziam treinamento. Valia por um espetáculo. Extasiados, nós os observávamos vestir seus uniformes, colocar os capacetes, afivelar os cintos. Eram todos voluntários. Entre eles, Nehemia Nudel, apelidado de Iacek, aventureiro, único judeu do Corpo de Bombeiros de Stopnica e pai de um de meus amigos.

A vida em Stopnica não era de deixar saudades. As poucas recordações dessa época que ainda me comovem são a imagem dos amigos correndo na praça para festejar o início das férias e os passeios com minha mãe, minhas tias e primos pelos bosques durante o mês de maio, os *maiófka*. Não me lembro de ter sentido saudades nem mesmo do riacho onde nadávamos nus no verão, e que nem nome tinha. Em pouco tempo, apaguei a Polônia da cabeça e do coração. Até o polonês rudimentar que falava esqueci. Minha cidade não existe mais, foi aniquilada durante uma batalha entre russos e alemães na Segunda Guerra, e hoje é apenas um posto de gasolina perdido numa encruzilhada de estradas.

A vida se transformou quando saímos da Polônia naquele dia de 1934. Quando meu pai finalmente mandou nossas passagens, foi através de uma agência de turismo que cuidou de tudo, desde Varsóvia até o embarque no navio *Jamaïque*, em Le Havre, na França. Para mim, que nunca havia saído de Stopnica, a não ser de carroça, dias antes, para me despedir de tia Pessl, mulher do tio Israel, que morava a 20 quilômetros de minha cidade, a viagem para a América foi uma sucessão de deslumbramentos.

Minha mãe já tinha estado sozinha em Busko, cidade próxima, para retirar nossos passaportes. Alguns dias depois de sua volta, partimos todos para Kielce, capital da região administrativa, primeira etapa de nossa viagem. Parentes e amigos foram nos levar até o pequeno ponto de ônibus de Stopnica. Era a última vez que veríamos Szprintse e Kive, meus avós paternos, Dov, pai de minha mãe, e meus tios e primos. Não esqueço o primo que pedia para levá-lo na bagagem porque também queria sair de lá. Choramos muito, mas no fundo estávamos felizes quando tomamos o ônibus, acompanhados de nossa bagagem, baús de vime típicos da Polônia, repletos de roupas novas e bem quentes, e trouxas de comida. Eu levava um livro em polonês, que contava a história de três cachorros, presente de Yankel, um amigo. "Isso é para você lembrar da gente", disse ele, formal, no dia da despedida.

Os preparativos para a viagem haviam sido intensos. Mamãe tinha mandado fazer casacos e vestidos de lã, pois era inverno no hemisfério sul. Pensando bem, para quem vem da Polônia, ela deveria ter mandado fazer roupas frescas para o clima tropical, mas acho que ninguém pensou nessas diferenças. Mamãe queria que chegássemos bem arrumados e isso era o principal. Para a travessia, levava *pletzels*, pães redondos com sementes de papoula e cebola, que duram bastante, e *wurst*, salame *kascher*, para se alimentar dentro do ritual. Nós, crianças, podíamos comer de tudo.

Quando a viagem estava próxima, com as despesas cada vez maiores, fomos morar na casa de meus avós paternos para economizar o aluguel do quarto. Os tios ajudaram com dinheiro, e havia ainda alguns trocados dos móveis que minha mãe vendera. Trouxemos pouca coisa, além de objetos de uso pessoal. Dois castiçais de bronze para o *schabat*, colchas de *plusch*, travesseiros e cobertas de pena, uma tigelinha de vidro que, em outros tempos, minha avó trouxera da Boêmia, e uma pedra gravada pelo artesão que havia feito seu túmulo com os dizeres em hebraico: "22 de Tamuz de 5676", data do falecimento.

Em Kielce, fomos submetidos a um exame médico num consultório indicado pelo consulado brasileiro. Em conseqüência do sarampo, meu irmão Naftali tinha pequenas cicatrizes em volta dos olhos que se assemelhavam muito às marcas do tracoma, uma doença altamente contagiosa. O médico não o aprovou e sugeriu uma consulta com um especialista. Minha mãe, esperta, levou Isaac no lugar de Naftali e saiu satisfeita com um atestado positivo. De lá fomos para Varsóvia.

O trem para Paris, próxima escala, só saía no dia seguinte, por isso pernoitamos no enorme salão de uma pensão para emigrantes, na Rua Mila, 20 ou 22. Ano depois, em 1943, o número 18 da mesma rua, centro do gueto, seria quartel-general da resistência judaica contra os alemães. O edifício da pensão tinha quatro ou cinco andares, e

Varsóvia: um flagrante da Rua Mila.

46

FISZEL CZERESNIA

suas janelas davam para a rua e para um pátio interno, que na manhã seguinte foi invadido pelos verdureiros e suas carroças. Fiquei maravilhado com o movimento. Fui até a esquina bisbilhotar, pois não tínhamos permissão para ir mais longe. Uma prima que trabalhava na casa de uma família judia veio nos ver e convidar para uma visita. A casa era tão diferente de nossas pobres moradias do interior. No caminho, fiquei impressionado com a largura das ruas. E os bondes? Nunca tinha visto um. Foi um espanto, mas um espanto, digamos, previsível, porque já imaginava encontrar coisas muito mais intrigantes em São Paulo.

A viagem para Paris foi longa. No meio do trajeto a companhia de turismo distribuiu ovos cozidos, pão e queijo. Uma delícia. Finalmente, quando chegamos, levaram-nos a um restaurante não-*kascher* e nos serviram bife. Eu, que nunca tinha visto carne daquele jeito, tinha a impressão de estar comendo uma lasca de couro. Mamãe comeu apenas pão. De Paris, seguimos para Le Havre, porto no norte do país, onde devíamos embarcar para o Brasil. Fomos acomodados num clube onde, pela primeira vez na vida, vi um chuveiro. Suponho que minha mãe já conhecia aquele incrível equipamento porque, sem demonstrar o menor acanhamento, levou-nos para o banheiro feminino e nos enfiou debaixo d'água, inteiramente nus.

Outro exame médico nos aguardava, desta vez no próprio porto. Consciencioso de suas funções, o médico de plantão virava as pálpebras dos viajantes com um palito de fósforos para verificar se havia indícios de tracoma. Ficamos apavorados com a possibilidade de não autorizarem Naftali a embarcar. Sem dizer nada, a um sinal de minha mãe e aproveitando a presença de três homens que barravam a visão do médico e de um conhecido de Stopnica que viajava conosco, Mordechai Szmukler, passamos Naftali para a fila dos que já haviam sido examinados. Tranqüilos, seguimos placidamente pelo corredor que levava ao cais.

Szmukler não era o único habitante de Stopnica a emigrar no mesmo navio. Viajavam conosco também os irmãos Israel e Mordechai Cymrot, filhos de um exportador de cereais, rico judeu da cidade – quer dizer, rico para nossos padrões –, que cuidavam de nós, o que

Prontos para a viagem (passaporte).

Data _____ Nº _____

Requerente *Josek Boruch Czersnia* .... Filiação

Natural *Polonia* S. Civil *Casado* Idade *41*

Profissão *Negociante* Resid *a rua Prates, 65*

Pessôas Chamadas:

NOME	Gr. Paren.	E. C.	Edade	Natural	Profissão
Frymeta Czersnia	esposa	CC	36	Polonia	Domestica
Fischel "	filho	S	9	"	"
Ruchla "	filha	S	13	"	"
Wolf-Icek "	filho	S	7	"	"
Naftali-Hersz "	filho	S	4	"	"
Lejbusz "	filho	S	3	"	"
					"

ENDEREÇO: *Stepnica woj. Kielecka*

Documentos apresentados _____

Apresentado por _____

Assignou no gabinete em _____ Seg. p. Rio em *17-II-33* Voltou em _____

SUA CONTA	Deve	Haver	OUTRAS NOTAS
			Assig. do Requerente
			Visto

Primeiro passo para a imigração: pedido para a Carta de Chamada.

UMA HISTÓRIA PARA MEUS NETOS

era de grande valia para mamãe. Também estava no navio Nathan Sztamfater, que discutia política com todo mundo e foi apelidado de "Jabotinsky", numa alusão ao líder sionista russo Vladimir Jabotinsky, criador do Movimento Revisionista e famoso pelo seu alinhamento com a direita.

No *Jamaïque*, tínhamos direito a uma cabine porque éramos cinco da mesma família, mas Bronka Szmuc, mocinha da Lituânia que viajava sozinha, queria ficar conosco. Com medo de ser assediada pelos homens, mantinha-se agarrada à minha mãe que, por solidariedade decidiu que ficaríamos todos juntos no dormitório coletivo, um salão malcheiroso, sujo, onde havia gente de toda espécie. Dormíamos de roupa, e nem sempre era possível tomar banho, porque havia apenas um ou dois chuveiros para cinqüenta pessoas.

A viagem durou dezoito dias. Felizmente, tínhamos força para suportar as privações. Comer quase não comíamos, porque os pratos eram acompanhados de muito molho, a que não estávamos habituados. Passamos aqueles dias praticamente a leite e biscoitos.

De vez em quando, eu escapava ao controle materno para ver "os ricos" que circulavam pelos convés e salões reservados às classes superiores. Ou ia ao cinema, outra coisa que nunca havia feito antes, regalia semanal até para os passageiros da terceira classe como nós. Na verdade, eu não me abalava com essas diferenças. Para mim, tudo era tão fantasticamente melhor que eu já me sentia em outro mundo.

3

Primeiro Contato com o Brasil...

Nosso primeiro contato com o Brasil e os brasileiros foi na escala que o *Jamaïque* fez em Salvador, na Bahia. Estávamos todos emocionados no convés, tentando desesperadamente ver a cidade, mas sem nada enxergar, pois o navio mantinha-se ao largo. Foi quando uns barquinhos se aproximaram do enorme casco do transatlântico e seus ocupantes, os primeiros brasileiros que víamos, nos ofereceram algo que para nós era um tesouro: laranjas! Os marinheiros deviam estar habituados a esse pequeno comércio, pois logo fizeram descer uns cestos, nos quais recolheram as frutas e enviaram, em troca, algumas moedas. Debruçados no parapeito, na ponta dos pés, olhávamos extasiados aquele vaivém, sem dizer nada, até que minha mãe fez um tímido sinal aos vendedores para que nos mandassem um cesto. O gesto deve ter lhe custado um bom tempo de reflexão, porque na Polônia laranjas eram um luxo permitido apenas aos milionários.

Meu pai costumava nos descrever em cartas a fartura deste país, que eu, na minha fantasia, associava a um farto consumo de laranjas. Via-me num gramado bem aparado, uma escada encostada ao lado, deitado de costas e chupando laranjas recém-colhidas do pé. Eu dizia aos meus amigos: "No Brasil, as laranjas crescem em qualquer árvore. Como as maçãs, aqui".

Eu só havia comido laranja duas vezes em toda a minha vida: a primeira, quando convalescia do sarampo, e outra, quando meu tio de Viena trouxera algumas de presente para nós. Mas seu perfume e sua cor dourada estavam gravados na minha memória. Qual não foi a decepção quando, no convés do *Jamaïque,* vi as frutas que mamãe erguia no cesto para nós. Eram escuras e precisavam ser descascadas com faca: as que eu conhecia eram abertas com os dedos.

Apesar desse episódio, a chegada ao Brasil foi uma alegria. Era 10 de junho de 1934. Meu pai nos esperava no cais de Santos, com meus tios Haim, seu irmão, e Israel, irmão de minha mãe. Tio Haim estava aqui há um ano e havia sido trazido por papai. Também viera em busca de uma vida melhor. Ao sair de Stopnica, meu pai não se despedira dele porque haviam rompido relações, mas, com o tempo, o tio procurara minha mãe para pedir-lhe ajuda: perdera tudo, não tinha condições de ganhar o sustento da família, mulher e cinco filhos, e estava prestes a dar fim à própria vida. Papai resolveu mandar-lhe uma passagem – afinal, era uma só e podia ser adquirida antes das nossas – , e com isso nossa viagem foi adiada por um ano. Tio Haim trouxe a família aos poucos. Primeiro dois filhos, depois a mulher e mais três crianças, que moraram provisoriamente na casa de minha mãe.

Desembarcamos apenas com nossa bagagem de cabine, porque os baús de vime ficaram no porto até o dia seguinte, quando papai e mamãe voltaram a Santos para buscá-los. Do reencontro com papai, lembro apenas de ter notado que já falava português. Tomamos um trem para São Paulo e desembarcamos na Estação da Luz. Durante a viagem, papai segurava Leon no colo, o caçula, o filho que não conhecia, e beijava-o sem parar. Era difícil acreditar que estávamos juntos outra vez.

Em São Paulo, atravessamos a pé o Jardim da Luz, ao lado da estação, para chegarmos em casa. Raquel conta que eu andava e dizia: "Olhem que belo jardim. Que vida vamos ter aqui!" Realmente, o Jardim da Luz haveria de me proporcionar muitas alegrias.

UMA HISTÓRIA PARA MEUS NETOS 53

Nosso pai havia deixado o quarto na pensão e alugado uma casa para nos receber. Ficava na Rua Guarani, 114, no Bom Retiro. Para nossos padrões, era uma casa grande – tinha três dormitórios – e muito confortável. Imagino o esforço que ele deve ter feito para conseguir montá-la. Num quarto, dormiam meus pais, no outro, os quatro meninos, em duas camas e Raquel em outra, sob a janela. O terceiro dormitório foi arrumado para tio Haim. O irmão de minha mãe, Israel, dormia numa casa vizinha, mas almoçava e jantava conosco. Os dois tios participavam das despesas.

No dia seguinte, quando meus pais foram a Santos buscar a bagagem, nós ficamos sozinhos. Brincando no quintal, vi que no terreno vizinho havia uma parreira carregada de uvas verdes. Como não conseguia alcançá-las, trepei num quarador de roupa. Eu estava quase conseguindo quando aquilo desmoronou, derrubando-me no chão. Quando meu pai chegou e viu o estrago, me deu uma surra. É triste, mas essa foi a recepção que recebi depois de cinco anos de separação.

De certa maneira, o sonho da fartura realizou-se no Brasil. Nunca mais nos faltou comida e, mesmo em tempos difíceis, vivemos muito melhor do que na Polônia e meus pais tiveram outra filha, Sara, que nasceu em 1938, quatro anos depois de nossa chegada.

Mamãe nunca admitiu que alguém cozinhasse em casa a não ser ela, mas tínhamos até uma empregada que ajudava a lavar a roupa. Todos os dias, atendendo aos gritos de um verdureiro judeu, provavelmente o único na história do Brasil, que passava em frente de casa e anunciava sua mercadoria em ídiche, papai nos comprava laranjas e bananas. Mas o melhor de tudo, como vim a descobrir depois, era o abacaxi. Eu já conhecia essa maravilha tropical desde que um judeu de Stopnica, que havia emigrado para o Brasil bem antes de nossa família, voltara trazendo um na bagagem. Tive direito a um pedacinho para experimentar, mas foi suficiente: enlouqueci de prazer. Quando chegamos, não conseguia optar entre me fartar de laranjas ou de abacaxis. Só sei que comi tantos abacaxis que fiquei com a boca toda ferida e fui obrigado a me manter um bom tempo longe deles.

Naquela época, os judeus religiosos não aceitavam a matança do açougue *kascher* por não considerá-la suficientemente de acordo com o ritual; desconfiança que, trocada em miúdos, significava que não se comia carne de vaca nos lares mais ortodoxos. Em casa, ela foi proibida durante um ano ou mais. Comíamos galinha todos os dias. Uma das imagens que guardo daqueles primeiros anos, além da do verdureiro, é a do vendedor de aves vivas. Ele passava na rua, e meu pai, que tinha certa experiência no ramo, saía de casa para escolher várias galinhas de cada vez. Ele as deixava soltas no quintal e alimentava-as com milho até a visita de Pinchas Gertner, o *shoikhet*, que chegava de manhã, agarrava-as pelas patas e as matava com um golpe certeiro.

Dois dias depois de nossa chegada ao Brasil, meu pai me levou à escola. De manhã, eu freqüentava o colégio judaico Talmud Torá, na Rua Newton Prado. Embora já tivesse feito os quatro anos do primário na Polônia, entrei na primeira série, onde era o mais velho da classe. Minha professora era dona Marcelina Marcondes Machado – descobri seu nome inteiro bem mais tarde, relendo o boletim. Havia também o professor Casemiro, inspetor da escola, dona Ida e principalmente dona Celina de Campos, que era linda e dava aulas de poesia aos domingos, na casa dela. Morava na Vila Mariana, e eu e mais quatro ou cinco alunos, íamos de bonde até lá.

O diretor do Talmud Torá, Meir Shulem Oselka, era considerado moderno para a época, embora fosse um rabino ortodoxo. Contratado na Polônia para dirigir a escola aqui, dava aulas de história judaica em ídiche, enquanto sua esposa, Hadassa, mulher muito culta, ensinava as meninas, que naquele tempo estudavam em classes separadas.

Íamos completar um mês no Brasil quando ocorreu um episódio que me mostrou a necessidade de aprender urgentemente o português. Certo dia, marcamos um jogo de futebol contra a Escola Renascença. O encontro foi na esquina da Rua Prates com a Rua Guarani, a poucos metros de casa. Quando o grupo adversário se aproximava, um dos meninos resolveu me ajudar:

– Se você quiser chamar alguém, é só gritar: filho da puta!

– Entendido – respondi, confiante.

Estávamos lá, vinte ou trinta garotos, quando passa um lituano *goi*, conhecido na rua. Sem cerimônia, cheguei perto dele e falei: "Fi-

UMA HISTÓRIA PARA MEUS NETOS 55

lho da puta". Nem tive tempo de entender o que aconteceu, porque desmaiei com o soco violento que ele me acertou no nariz. Caí no chão, ensangüentado. Minha mãe, que assistiu à cena da janela de casa, saiu correndo para me acudir. Levaram-me de ambulância até o Pronto Socorro Central, no Pátio do Colégio. O problema foi voltar para casa, porque mamãe não havia levado a bolsa, em respeito ao feriado religioso de *Schavuot*. Acho que alguém nos deu dinheiro para o bonde.

Não foi a única vez que fui parar num hospital por causa de acidente. Certo dia, quando a escola já havia mudado para a Rua Tocantins, saí no meio da aula para ir ao banheiro. Ao invés de voltar imediatamente para a classe, resolvi colher amoras num pé que havia no quintal. Sabia que, quanto mais alto subisse, mais amoras encontraria, porque a molecada já havia colhido a maior parte das frutas dos galhos baixos. Metido a valentão, resolvi subir, mas acabei despencando de uns quatro metros de altura. Foi horrível. A sorte foi que, ao cair, me apoiei no braço. Estava quase perdendo a respiração quando um rapaz que ia passando me socorreu. "Pelo amor de Deus, não fale nada lá dentro", implorei. Ele me trouxe água, ficou comigo até eu me acalmar, e consegui voltar para a minha sala como se nada tivesse acontecido. Quando fui para casa, estava com uma dor horrível no pulso direito, mas decidido a não contar nada a meu pai. Agüentei a dor, jantei e fui deitar. Acordei com o pulso inchado e tive que inventar uma desculpa: "Caí da cama". Minha mãe me levou ao consultório do dr. Moisés Deutsch, o médico do bairro, que atendia em sua casa. Deve estar hoje com mais de oitenta anos e creio que ainda clinica. Naquele dia, ele mesmo me levou para a Santa Casa, de bonde, onde tiraram uma radiografia de meu antebraço. Estava fraturado em dois ou três lugares, e foi preciso imobilizá-lo com uma tala de madeira. O dr. Deutsch me despachou para casa, sozinho, não sem antes me ensinar como voltar no bonde 17, circular. Para um garoto de doze anos, foi uma aventura.

A festa de Hanuká, na escola judaica, foi um grande acontecimento. O professor Jacob Levin, pai de meus amigos Israel e Eliezer Levin, homem notável, nos preparou durante meses para a encenação de uma peça teatral em ídiche, texto que ele mesmo escreveu e que foi apresentado no salão do Clube Macabi, na Rua Ribeiro de Lima, um prédio já bastante velho naquele tempo. Eu me senti o astro da noite: além de representar o papel principal, Iehudá, o Macabeu, fiz um discurso e declamei uma poesia. Na verdade, acho que essa escolha teve muito menos a ver com meu talento de ator do que com minha facilidade para decorar, uma qualidade que até atrapalhou minha vida escolar. Fiquei preguiçoso, porque nunca precisei estudar muito.

A peça começava comigo chegando do campo, cansado, arrastando uma espada. Então, minha "mulher", representada por Acia Krankaus, devia se aproximar e passar a mão em meu rosto. Ela não conseguia, estava envergonhada. Percebendo seu embaraço, o professor deu-lhe um lenço, evitando o contato direto de sua mão com a minha pele. Digo-lhe então que não estou cansado, que estou com raiva porque os gregos nos perseguem, que não podemos agüentar, devemos reagir, nos revoltar... É claro que reagimos, ganhamos a batalha e, na cena final, as velas são acesas. Não houve falhas. É bem verdade que o professor ficou o tempo todo atrás da cortina, assoprando o texto.

É incrível como, passados mais de sessenta anos, ainda sei as palavras e a música da canção original em ídiche: "Olhe as luzinhas. Elas contam histórias e lendas de antigamente. Contam histórias de heroísmo, de sofrimento, histórias grandiosas". Essas velas me fazem lembrar que há cerca de dois mil e duzentos anos repetimos esse gesto, sempre na mesma data.

Em 1935. Campinas estava comemorando o cinqüentenário da imigração no Brasil. Todas as ondas migratórias estavam representadas. No dia dedicado aos judeus, partimos de trem, da Estação da Luz, todos os alunos devidamente uniformizados. Assim que desembarcamos, formou-se o pelotão, e eu marchando à frente, orgulhoso, empunhando uma espada.

Nesse mesmo ano e com a mesma espada, desfilei diante do presidente Getúlio Vargas na Avenida São João, em São Paulo. Era um dia de terrível calor. O palanque fora montado na altura da Praça Júlio Mesquita, onde hoje fica o Cine Metro. O desfile atrasou três

A família no Brasil: meus pais, irmãos e tio Haim à direita, 1934.

horas. Quando chegou a vez da nossa escola, marchei sozinho na frente, comandando o batalhão, de uniforme branco com chapéu de ponta e uma tira de couro, e a espada, que só eu levava. Aos doze anos, não sabia direito quem era Vargas, nem muito menos imaginava as posições fascistas que seu governo viria a assumir alguns anos depois, e estava orgulhoso de desfilar diante do presidente do Brasil.

Na mesma época vivi outra emocionante experiência: pegamos um bonde que passava pertinho, na esquina das ruas Newton Prado e Júlio Conceição, e fomos, toda a escola, ver o Circo Sarasani. Eram italianos. Para mim foi uma descoberta fascinante, porque eu nunca tinha ido ao circo e também porque me disseram que era o maior circo do mundo. Tinha orquestras, mais de trinta leões, elefantes, trapezistas. Fiquei tão impressionado que até hoje gosto de circo. Escrevi uma carta a Iacek, meu amigo na Polônia, contando a experiência. Tempos mais tarde, fiquei chocado ao saber que o Sarasani tinha sofrido um acidente terrível. Uma ponte ruiu no momento em que o circo a atravessava, matando pessoas e animais. Uma tragédia, depois da qual o Sarasani nunca mais se refez.

Poucos meses depois, outra emoção: minha primeira e única visita ao Museu do Ipiranga. Toda a escola reunida, lotamos três bondes. Não dá para imaginar o deslumbramento que significou para quem veio de Stopnica. Aliás, naqueles primeiros tempos tudo era um deslumbramento.

Logo depois de nossa chegada a São Paulo resolvi ir até o Edifício Martinelli. Era um sonho que acalentava desde a Polônia, quando vira num cartão-postal de Ano Novo que meu pai nos mandara. Todo orgulhoso, eu o mostrava aos meninos na escola e dizia: "Você sabe que lá na cidade onde meu pai mora, e onde vou morar, tem o prédio mais alto da América?". Nesse dia, sem contar a ninguém, saí caminhando em direção ao centro. Foi uma aventura, eu não imaginava que fosse tão longe de casa. Atravessei a Rua Prates e a Estação da Luz. Quando cheguei à Praça do Correio, lá estava ele, lindo e imponente. Não entrei, fiquei olhando de longe, maravilhado.

Nas noites de domingo, a família toda ia assistir ao concerto da Banda da Força Pública, no coreto do Jardim da Luz. Foi lá que, pela

UMA HISTÓRIA PARA MEUS NETOS

primeira vez na vida ouvi e vi, maravilhado, a execução de música. Também foi aí que descobri a existência da Biblioteca Circulante, na praça central.

No colégio Talmud Torá, eu me preparei para o meu *bar mitzvá*. Segundo a religião judaica, é a partir dos treze anos que começam a contar as ações do judeu; até essa idade, tanto os pecados quanto as boas ações vão para a conta do pai. Nunca da mãe ou dos pais, sempre do pai.

Fui aluno de dois professores. Um deles me ensinou a *Haftará*, trechos dos profetas adaptados para cada leitura de sábado, e as bênçãos, que antecedem e concluem essa leitura e têm uma melodia própria, uma entonação que precisa ser perfeita. Ele morava na Rua Bresser, e para chegar lá eu tomava o bonde 11 na esquina da Avenida Tiradentes com a Rua São Caetano. O bonde descia a São Caetano, a Oriente e chegava até a Bresser. Meir Sholem Oselka, diretor da escola, me preparou para o discurso em ídiche. Ele escreveu o texto dois meses antes da cerimônia e me dava uma página de cada vez. Enquanto eu não sabia de cor a primeira, não pegava a segunda. Deviam ser umas quatro ou cinco páginas escritas em papel ofício. Aprendi a fazer até os gestos que o professor ensinava. Em agradecimento aos meus dois mestres, meu pai comprou dois presentes. Fomos a uma fábrica, que pertencia à família do rabino Zingerevitch, e compramos duas camisas de jérsei, uma novidade na época.

Fui um bom aluno, porque, com a facilidade que sempre tive para decorar, conseguia a entonação correta sem grande esforço. É uma melodia muito bonita, e a entonação é dada por sinais musicais colocados em cima de cada palavra. Nunca mais esqueci. Não sei todo o texto de cor porque são sete bênçãos, mas, com uma rápida olhada, sou capaz de me lembrar de tudo imediatamente.

Aí chegou o dia de colocar os *tefilim*, os filactérios, que contêm um trecho da Torá: "Ouça Israel, o Senhor é nosso Deus, o Senhor é único". Segundo os sábios, esse é o trecho básico da religião judaica, porque menciona a crença em um único Deus. Os filactérios são dois:

um é colocado na cabeça e outro amarrado no braço esquerdo, em frente ao coração.

A cerimônia de meu *bar mitzvá* foi numa sinagoga pequena que ficava na Rua Prates, 105. Não era uma sinagoga oficial, mas a casa particular de uma família religiosa, onde aos sábados rezavam os judeus provenientes da nossa região da Polônia. Era conhecida apenas como 105. Mais tarde, transferiu-se para a Rua Joaquim Murtinho, não sei que número, mas até hoje todos se referem a ela como a 105.

Foi um dia inesquecível: o discurso, o agradecimento aos pais. Hoje, o *bar mitzvá* transformou-se numa festa em que a ostentação ocupa mais lugar que o recolhimento espiritual. Muito do seu significado se perdeu. O principal, naquele tempo, não era preparar uma festa, mas a tradição religiosa em si. Ser chamado para a leitura da Torá pela primeira vez, ter a honra de ler a última parte do capítulo daquele sábado, a mais importante, com que se fecha a leitura.

É claro que depois da cerimônia se fazia uma festa. Para a minha comemoração, minha mãe levou um bolo para o *kidusch*. Ao pé da letra, *kidusch* significa "santificar", mas quando alguém na sinagoga dizia: "Vou dar um *kidusch*", queria dizer que traria pão-de-ló e outros docinhos. Os nossos eram sempre feitos pela minha mãe. Como um amigo de meu pai tinha uma pequena fábrica de licores no Belém, costumávamos levar também uma ou duas garrafas de *strega*. Era barato. Assim, na minha festa, à qual estavam presentes poucas pessoas, praticamente só os que costumavam se reunir aos sábados para rezar, servimos licor e pão-de-ló. Acabada a reza, fez-se o *lekhaim*, o brinde à vida, e estava terminada a cerimônia. À tarde, recebemos em casa todos os meus colegas de classe, uns vinte meninos. Minha mãe ofereceu balas, compradas no armazém da esquina, guaraná, e foi só.

Comemorado assim, na intimidade, numa sinagoga pequena, o *bar mitzvá* deixa marcas profundas. Naquele dia, senti o que se chama hoje de rito de passagem. Acreditava piamente que, dali por diante, eu era responsável por todas as minhas culpas, todos os meus pecados. Naquela época, eu acreditava piamente.

UMA HISTÓRIA PARA MEUS NETOS 61

Desse dia em diante, passei a ir todas as manhãs a uma pequena sinagoga na esquina das ruas Prates e Bandeirantes, fundada por judeus religiosos da Lituânia. Como eu já tinha treze anos, contavam comigo para a oração em conjunto, às 7 horas. Ao fim do serviço religioso, havia um ciclo de estudos de meia hora dado pelos rabinos Moishe Zingerevitch e David Walt. Aprendíamos principalmente o ShulkhanArukh, que significa "mesa posta", regras de comportamento do dia-a-dia. Meus colegas eram Jacob Levin, que vive em Israel, Henrique Brenner e Júlio Jalonetsky. Às vezes, aos domingos, como não tínhamos aula, íamos de trem ao Horto Florestal e fazíamos um piquenique enquanto o rabino Zingerevitch nos lia alguma história educativa. Foi dele que ouvi outra parábola que me marcou profundamente e da qual nunca esqueci: Um grande capitalista construiu em Nova York um enorme prédio e, no último andar, uma casa-forte para guardar ouro e dinheiro. O segredo para abrir ou fechar o cofre era uma senha, uma só palavra. Como o engenheiro responsável pela obra conhecia o segredo, o capitalista provocou um acidente no elevador no qual o engenheiro foi morto. Agora só ele sabia o segredo. Então, abriu a casa-forte, entrou, fechou a porta e ficou um bom tempo lá dentro, extasiado com toda aquela riqueza de ouro e brilhantes. Quando quis sair, esqueceu a senha. Desesperado, batia a cabeça contra a parede, mas, quanto mais se afligia, menos condições tinha de lembrar a palavra. Finalmente, quando agonizava pronunciou a palavra-chave: Deus.

Ao mesmo tempo em que participava desse grupo de estudos na sinagoga, comecei a freqüentar o Haschomer Hatzair, movimento juvenil sionista socialista cuja sede ficava em frente de casa. Aos sábados à tarde, havia reuniões e palestras com a clara finalidade de incutir nos jovens ideais de esquerda. A participação num movimento juvenil é algo que tem mais força que o dia-a-dia na escola. Na escola, o jovem se preocupa em aprender para fazer exames, passar de ano. Os movimentos juvenis lhe dão o alimento espiritual correto, abrem horizontes.

Terminados os trabalhos, dançávamos. Nunca me esqueci de uma parábola, que discutimos à exaustão: O habitante de um vilarejo

Chamado pelo professor Jacob Levin, na Escola Talmud Torá.

UMA HISTÓRIA PARA MEUS NETOS

polonês chega a Berlim e está extasiado diante do que vê. Diante de um edifício de doze andares, ele pergunta à primeira pessoa que vem passando: "De quem é este prédio?" O homem, apressado, lhe diz em alemão: "Deixe-me em paz". Mais adiante, o aldeão vê um bonde, coisa que nunca tinha visto, e pergunta a outro pedestre: "De quem é este bonde?" "Deixe-me em paz", ele lhe responde novamente. A resposta a todas as perguntas é sempre a mesma: "Deixe-me em paz". Até que ele vê um cortejo seguindo uma carruagem puxada por cavalos. "Quem morreu?", pergunta timidamente. Diante do mesmo "Deixe-me em paz", o pobre aldeão não se contém: "Estão vendo? O Deixe-me em paz acaba morrendo também". O grupo discutia fervorosamente, mas a conclusão era sempre a que Isaac Takser, Paulo Feldman e Uron Mandel, nossos *madrikhim*, monitores, esperavam: um homem tem tudo e assim mesmo morre.

Havia também a história de Bôntzie, o silencioso, um conto de I. L. Peretz que me emociona até hoje, e que analisamos à luz da ideologia dos monitores. Bôntzie sobrevivia carregando sacos de farinha nas costas. Era sozinho, pobre, mas nunca se queixava; por isso era conhecido por esse nome, que significa quieto e silencioso. Mesmo doente, não se lamentava, agradecia a Deus. Certo dia, atropelado, morreu. Foi um rebuliço no céu. Os anjos corriam para todo lado, tocavam o *schofar* e, rodeando Deus, anunciaram: "Morreu Bôntzie, o silencioso [...] Bôntzie foi convocado ante a corte de justiça celeste". Quando o pobre carregador chegou ao céu, anjos e antepassados vieram recebê-lo e queriam recompensá-lo pelo seu silêncio. "Tu mesmo não conhecias a tua força adormecida. [...] Escolhe e toma o que te aprouver!", disseram. E ele, modestamente, respondeu: "Eu quero todos os dias, de manhã, um pãozinho quente com manteiga!"

Com o tempo, acabei fazendo perguntas demais e, não tendo respostas adequadas, mudei como mudei.

A primeira vez em que comi não-*kascher*, eu tinha catorze anos e começava a duvidar de Deus. Ou ele não existia, ou, se existia, era injusto. Era *Iom Kipur*. Estava com meu pai na sinagoga. Ele rezava, e eu, inquieto, entrava e saía. De repente, resolvi dar uma volta. Fui até a esquina da Avenida Tiradentes com a Rua São Caetano. Estava sozinho – se fosse com algum amigo ele poderia me denunciar, pensava. Andei um pouco para estar mais protegido dos olhares indiscretos. Avistei um bar onde serviam pizza e pastel no balcão. Entrei, pedi um pastel e comi. Quebrei o jejum do Dia do Perdão com um pastel de carne não-*kascher*: acabara de cometer dois pecados ao mesmo tempo. Claro que não contei nada a ninguém e, quando voltamos para casa à noite, engoli avidamente tudo o que minha mãe tinha preparado como se estivesse faminto.

Até esse ato de suprema rebeldia, eu não havia feito nada que ferisse o ritual judaico. Dali em diante, comecei a cometer alguns deslizes. Pequenos, sem importância, mas marcantes para mim, como por exemplo: Eu saía de casa com a cabeça coberta, de acordo com a tradição judaica ortodoxa, mas, assim que atravessava a rua e me via fora do alcance da vista paterna, punha o boné no bolso.

Entrei em plena fase de contestação. Perguntava: Onde está a Justiça? Queria saber por que homens bons e honestos passavam fome enquanto pecadores inescrupulosos continuavam enchendo os bolsos de dinheiro. Eu vivia atormentado com a dor e o sofrimento das crianças e me perguntava por que, se não haviam cometido nenhum pecado. Ninguém conseguia me responder. A resposta que me davam é que ninguém conhece ao certo os desígnios divinos e que Deus sabe o que faz. Se Ele castiga crianças é porque algum de seus antepassados deve ter pecado. Mas eu ainda pensava: Será verdade que animal também peca?

Nossa casa na Rua Guarani tinha um porão onde uma gata tinha dado à luz. Num dia de forte chuva, um dos filhotes saiu e foi atropelado na frente de casa. O gatinho era recém-nascido e não tinha tido tempo de pecar. Naquele dia, minhas dúvidas acabaram: Deus não existia mesmo. Não para mim.

Eu lia muito. Ia à biblioteca circulante no Jardim da Luz, perto de casa, ou à Biblioteca Municipal, na Praça Dom José Gaspar. Como fazia a lição de casa durante a aula, tinha tempo de sobra. Eu lia. Li desde Tarzan até Espinosa, passando por Will Durand, Tolstói e

UMA HISTÓRIA PARA MEUS NETOS

Dostoiévski. Nem meu pai nem minha mãe sabiam quem eram e, se soubessem, não iriam me proibir essas leituras. Meu pai não teve influência na minha formação intelectual, pois não tinha posições firmes: era religioso porque nascera numa casa de religiosos. Nunca mais li tão intensamente como nesse período.

Um dia, *Caim*, um livro de Lorde Byron que ainda guardo, me caiu nas mãos. Era um exemplar em ídiche. Caim, o protagonista, pergunta: se Deus sabe realmente tudo, e sabia o que ocorreria entre ele e seu irmão Abel, por que permitiu que um morresse pela mão do outro? A indagação consolidou minha posição.

Desde menino eu gostava de ler e saber das notícias, mas não tinha dinheiro para comprar um jornal. Foi então que fiz uma amizade que me possibilitou ler o jornal todos os dias. Esse meu amigo era sapateiro e chamava-se Meilech, que quer dizer "rei". Que pobre rei ele era! Nós o chamávamos Meilech *schister*, o rei dos sapateiros da Rua Prates. Quando o conheci, já era um homem de meia-idade, baixo, forte, rosto grande e duro e dentes muito brancos, que limpava esfregando sal. Não usava escova nem pasta de dentes. Tinha vindo de Radom, na Polônia, pequena cidade onde havia vários curtumes. Era um homem que mal ganhava para comer, vivia na pobreza. Morava com a mulher e os filhos numa vila da Rua Bandeirantes, num quarto com banheiro coletivo, praticamente um cortiço.

Havia sido membro do Partido Comunista Polonês e continuava acreditando que o socialismo acabaria com a miséria do mundo. Em frente à sua oficina viviam alguns judeus considerados relativamente ricos, porque eram proprietários das casas onde moravam, além de possuírem algumas outras alugadas. Meilech me dizia: "Você vê o pessoal dessas casas aí em frente? Eu não os invejo pelas casas que têm, porque nossos companheiros vão tomá-las. Eu os invejo por causa dos frangos e perus que comem. Isso ninguém lhes tira mais".

Acontece que Meilech, o comunista, era analfabeto em todas as línguas. Então, eu lia os jornais para ele. Todos os dias, depois da escola, por volta da hora do almoço, eu o encontrava em sua pequena oficina, instalada num porão da Rua Prates, e resumia as notícias em ídiche, enquanto ele continuava trabalhando, sentado num banquinho. Era a época da Guerra Civil na Espanha. Ele queria saber em detalhes o andamento da luta. Torcia pelos comunistas, é claro, que faziam parte do governo de Madri, eleito em fevereiro de 1936. Nessa época, Meilech comprava dois jornais, o *Estado* e a *Gazeta,* que saía à tarde. Publicaram na primeira página um grande mapa da Espanha que guardamos e colamos cuidadosamente na parede. Diariamente, marcávamos a posição dos governistas e dos franquistas com bandeirinhas. Preocupava-o a questão da intervenção das potências européias na Espanha. Enquanto os direitistas da Itália e da Alemanha estavam abertamente envolvidos no conflito, ao lado do general Franco, Léon Blum, primeiro-ministro da França, socialista judeu, havia, segundo ele, traído os ideais ao adotar uma posição não-intervencionista na guerra civil que, inclusive, prejudicava a União Soviética, que estava ao lado dos governistas espanhóis, mas não conseguia passagem de reforços pela França.

Embora fosse judeu, Meilech não estava muito preocupado com a questão judaica. Para ele, Deus era Stálin, e o Partido Comunista, sua sinagoga. Acreditava que as soluções socialistas resolveriam os problemas de todos, inclusive dos judeus. Vivia discutindo com um grupo de posições ecléticas que se reunia na esquina todos os dias, depois das 6 horas, e se autodenominava "República dos Mendigos". Com relação à Guerra Civil Espanhola, a turma tinha uma posição claramente a favor, mas em 1939 viu-se numa encruzilhada ideológica quando Stálin assinou um pacto de não-agressão com Hitler. A partir daí, os judeus não-socialistas se alinharam contra a União Soviética.

O sapateiro não se moveu, continuou defendendo a União Soviética. Dizia que o pacto era a única salvação, porque os ingleses pretendiam lançar os alemães contra a União Soviética, mas Stálin havia sido mais esperto ao assinar o acordo, jogando os nazistas contra a Grã-Bretanha e a França. Meilech não entrava em discussões filosóficas, mas alguma coisa ele sabia, superficialmente. Devia ter participado de algumas reuniões do Partido na Polônia, onde prova-

Puxando o desfile da Escola Talmud Torá em Campinas.

velmente ouvira falar de Marx. Entre os judeus da República dos Mendigos havia gente mais preparada, mas ninguém precisava ser muito instruído para debater: era mais uma questão de coração do que de cérebro. Meu pai, por exemplo, era naturalmente anticomunista, era contra a União Soviética simplesmente porque lá a religião havia sido banida. O anticomunismo daqueles judeus era uma coisa natural.

O sapateiro não acreditava muito em mim. Sempre achava que a situação era melhor do que eu descrevia para ele. Quando havia uma notícia que considerava ruim no *Estado*, sempre antifranquista, queria vê-la confirmada na *Gazeta*, jornal de tendência conservadora.

Comecei minha atividade social ajudando esse homem. Ele sofria dos rins e, como não tinha recursos, nós, os amigos do bairro, juntamos dinheiro para levá-lo ao médico. Saímos batendo de porta em porta para arrecadar o necessário para a consulta. Os remédios conseguimos na Linat Hatzedek, sociedade judaica de auxílio a doentes da qual meu pai havia sido tesoureiro em Stopnica e que também existia aqui, na esquina da Ribeiro de Lima com a Prates. Mas seu estado piorou e a solução foi levá-lo a um médico "da cidade", ou seja, do centro, muito mais competente que os "de bairro". Essa era a concepção que tínhamos no Bom Retiro lá por meados dos anos 30. Com a ajuda da Linat Hatzedek, ele foi internado no Hospital Santa Catarina, na Avenida Paulista, num quarto individual. O caso parecia grave. Alguém falou em chamar um especialista e consultamos um professor, que receitou sulfa em doses cavalares. Um dia um judeu nosso conhecido, que trabalhava na Sociedade Cemitério, foi visitá-lo. Colocou as mãos nos pés do doente, pois dizia que assim sabia se a morte estava próxima. Felizmente, não foi o caso de nosso amigo, que ficou bom e voltou ao trabalho. Nós o salvamos.

Naquele tempo, a melhor escola secundária era o ginásio estadual do Parque Dom Pedro II, onde estudavam vários de nossos patrícios, mas papai não permitiu que eu prestasse o exame de admissão. Lá havia aulas aos sábados e ele, muito religioso, fazia questão que eu respeitasse o *schabat*.

UMA HISTÓRIA PARA MEUS NETOS 69

Aos catorze anos, eu terminara o Talmud Torá. Não sabia o que fazer quando, por um feliz acaso, encontrei o professor Marcondes, inspetor de ensino que morava na nossa rua:

– Fiszel, onde você está estudando?

– Em lugar nenhum. Não posso cursar o ginásio do Estado e meu pai não tem condições de pagar uma escola particular, onde, eventualmente, poderia faltar aos sábados.

Ele então sugeriu que eu procurasse o Instituto de Ciências e Letras, famosa escola entre a Estação da Luz e o Largo Santa Ifigênia, e me deu uma carta para o diretor. Fiz o curso de admissão gratuitamente, tirei nota 100 na prova escrita e no exame oral e ganhei uma bolsa de estudos. Foi assim que, aos quinze anos, entrei no ginásio.

Ali, conheci um homem que exerceria grande influência sobre mim. Quirino Pucca, neurologista e professor de física, era irmão do diretor da escola e o único líder comunista com quem convivi. Quando era detido, o que aconteceu muitas vezes, nunca negava sua crença política: "Sou comunista", afirmava, com orgulho. Ele vivia sendo preso porque tinha uma amante que, cada vez que queria se ver livre dele, o denunciava à Delegacia de Ordem Política. Estávamos em pleno Estado Novo, tempos de forte repressão. Uma vez, o professor me atendeu em seu consultório porque eu estava com dor de cabeça. Não cobrava pelas consultas, era daqueles comunistas verdadeiros, que acreditavam no que faziam. Tinha uma bondade, uma inteligência, uma retidão de caráter como só se vêem na literatura. Mais que suas idéias, foi isso o que me impressionou nele.

Na terceira série, tive um professor que era alto funcionário do DEP, o Departamento Estadual de Propaganda, que correspondia na esfera estadual ao famigerado DIP, Departamento de Informação e Propaganda criado por Getúlio Vargas e dirigido por Lourival Fontes. Certa vez, para minha surpresa, ele me chamou à sede do departamento, na esquina da Rua do Seminário com Santa Ifigênia, um prédio que ainda existe, e me disse: "Fiszel, você sabe que a higiene tem grande importância na sua religião. Faça uma composição falando da higiene na religião judaica". Embora nessa época eu já não acreditasse mais em Deus, conhecia um pouco a Bíblia e não foi difícil fazer o trabalho. Achava que normas elementares, como lavar as mãos após usar o banheiro ou tomar um banho semanal, eram mais uma questão de higiene do que de religião.

Outro que era fascista, amigo dos padres, era Humberto Alfredo Pucca, irmão do professor Quirino e diretor da escola. Aos sábados à tarde, reunia as classes mais adiantadas num grande salão e promovia uma conferência. Os oradores não eram nada progressistas. Um deles era o professor Leopoldo, monarquista que dava aulas de história. Quando entrávamos na sala, já encontrávamos na lousa um texto sobre a monarquia, um tanto superficial, mas interessante. Certa vez, veio dar uma palestra um conferencista que tinha lançado um movimento "nacionalista" chamado Esperança Brasil, Eterno Brasil. Nessa época, por volta de 1940, quase ninguém admitia ser fascista ou integralista.

Como o comparecimento a essas conferências de todos os sábados era obrigatório, meu pai ficou aborrecido. Dizia que eu estava me afastando da religião. Minha mãe apaziguava, porque era pragmática. Mais liberal, até nos deixava circular de carro aos sábados. Ela mesma nunca andou de bonde durante o *schabat*, mas aceitava carona para visitar a filha casada. Meu pai era religioso, zangava-se porque sabia que eu comia não-*kascher*, mas não era pessoa de impor suas convicções aos outros. Por isso, continuei estudando.

Freqüentava o ginásio à tarde e de manhã trabalhava. Nos primeiros anos aqui, nunca havia dinheiro suficiente em casa. Então nós, os filhos mais velhos, começamos a trabalhar para ajudar. Vendíamos gravatas. Sábado, meu irmão Isaac comprava as gravatas na fábrica e íamos os dois vendê-las domingo de manhã, num campo de futebol na Moóca. Rendia-nos alguns trocados. Com quinze anos, tirei licença para trabalhar como ambulante, com a finalidade de arrumar novos clientes para meu pai. Eu batia de porta em porta para vender colchas e guarda-chuvas e sofria todos os minutos de todos os dias. Sentia vergonha e humilhação. O que mais me tocou foi ser visto, carregando um pacote de colchas às costas, por uma linda moça com quem eu tinha dançado num baile de formatura.

UMA HISTÓRIA PARA MEUS NETOS

Quando conseguia fazer um ou dois clientes, considerava o dia ganho e parava de trabalhar. Às vezes, isso levava apenas meia hora, mas era o suficiente para mim.

Na Rua João Teodoro havia um enorme depósito de bananas onde eu me refugiava. Gostava de conversar com o dono, um português que me oferecia frutas a preço de custo. Passava umas duas horas com ele e ainda conseguia chegar em casa antes do meio-dia para almoçar e ir à escola.

Falávamos de bananas, da situação do país, de futebol. Eu era corintiano desde os primeiros meses de Brasil, porque naquele tempo havia só dois grandes times: Corinthians e Palestra Itália. Os do Palestra eram fascistas e eu sabia que devia ser contra. Todos os meus amigos, jovens judeus, eram corintianos por isso.

Nessa época, passei um susto terrível por causa do futebol. Foi em 1938, durante o campeonato mundial de futebol na França. O jogo era Brasil x Polônia. Torci pelo Brasil, é claro, que ganhou de 6 x 5. À noite, um cidadão bêbado ou enlouquecido, de revólver em punho, entrou na venda da esquina. Já era muito tarde, quase meia-noite, e eu havia ido comprar algum ingrediente de última hora para a festa de casamento de Raquel, marcada para o dia seguinte. Ele encostou a arma no meu peito:

– Você torceu contra o Brasil e eu vou matar você.

Senti o cano frio do revólver e disse, sem emoção:

– Não, torci para o Brasil.

Devo ter sido convincente – afinal, eu dizia a verdade –, porque ele me olhou, falou, falou, falou e foi embora. Guardas que passavam correram atrás dele e o alcançaram na rua de baixo. Seu revólver estava sem balas.

Quando Raquel ia se casar, faltou dinheiro para a festa e papai teve que tomar dinheiro emprestado a 2% ao mês. O agiota era o meu próprio tio, irmão de minha mãe. Fomos ao mercado da Cantareira para comprar caixas de maçãs, um luxo. O peixe recheado, a carne defumada no quintal, tudo foi preparado por nós com a ajuda das vizinhas, das amigas, em casa.

Tive minha primeira relação sexual relativamente tarde, por volta dos dezessete anos. Meus amigos resolviam seu problema com as empregadas domésticas, mas como a única empregada que tivemos era uma velha lituana, que vinha lavar roupa uma ou duas vezes por semana, tive que me virar de outra maneira. Fui iniciado por uma profissional da Rua Aimorés, zona do meretrício, por indicação de meu médico, o dr. Moisés Deutsch, quando o consultei por causa de umas dores de cabeça.

– Fiszel, você já teve relações com mulheres? – perguntou sem rodeios, depois de um exame minucioso.

– Ainda não – respondi, envergonhado.

– Você precisa ter relações, mas tome cuidado – ele me disse, como quem receita um remédio.

Havia duas ruas de prostituição: a Rua Aimorés, das prostitutas brancas, mais caras, e a Rua Itaboca, onde ficavam as negras, mais baratas. Eu já tinha passeado algumas vezes pela Rua Aimorés com os amigos, só para olhar. Mas quando resolvi entrar, fui sozinho, tinha vergonha. Elas ficavam todas no andar de cima, numa sala com persianas na janela, por onde se podia ver perfeitamente de fora. Falavam com falso sotaque francês. A mulher que me iniciou era desdentada. Mas o que eu podia fazer? Já estava lá dentro. Foi tudo muito rápido, uns três minutos, e não fiquei feliz, apenas aliviado quando acabou. Gastei dez mil-réis, o que não era pouco dinheiro, pois um salário mínimo era de 80 mil-réis.

Estava com pressa de vestir a roupa e ir para o instituto de prevenção às doenças venéreas na Rua Itaboca, esquina com a Ribeiro de Lima, que era do dr. Quadros, pai do Jânio. Ele injetava um remédio na uretra e passava uma pomada contra chatos. Apesar de usar camisinha, eu tinha muito medo de pegar uma doença. Por isso, nunca tive relações com uma prostituta sem passar depois na clínica.

Por volta dos meus dezoito anos, querendo me sentir um homem, experimentei duas coisas que não deram certo: fumar e deixar crescer um bigode. Tenho uma fotografia na qual apareço andando pela Rua Silva Pinto com dois amigos e exibindo um bigode que pouco depois abandonei. Quanto aos cigarros, não consegui terminar o

UMA HISTÓRIA PARA MEUS NETOS

primeiro maço e nunca mais fumei. Nessa idade eu já ganhava um dinheirinho e ia todos os sábados ao barbeiro. Sábado era dia de me arrumar, porque à noite ia dançar no Círculo Israelita.

ℷ

ARRANJEI UM EMPREGO...

Em 1942, arranjei um emprego numa oficina de lapidação de brilhantes dos irmãos Sztrozenberg, patrícios nossos da Bélgica, na Rua 24 de Maio, e tive que terminar o ginásio no curso noturno. Depois do ginásio, fiz o curso científico no Colégio Anglo-Latino, também à noite. Ficava tão cansado que nunca conseguia assistir às duas últimas aulas. Minha jornada de trabalho começava às 7 e meia da manhã e se estendia até às 6 da tarde. Almoçava na fábrica, de uma marmita que trazia, e mal engolia algo antes de sair para a escola.

Terminado o colegial, resolvi prestar vestibular para o curso de química, mas fui reprovado. Tinha um ano inteiro pela frente para estudar. Estávamos em 45, comecinho do ano.

Em maio, a guerra terminou. Pode parecer incrível, mas entre 1939 e 1945 não havia informações exatas sobre a extensão do holocausto. Meu pai tinha comprado um rádio e acompanhávamos o desenrolar do conflito ouvindo atentamente o Repórter Esso. Não recebíamos uma linha sequer sobre a situação de nossos parentes e amigos na Europa.

O governo Vargas estava oscilante, mas a opinião pública começava a posicionar-se. Intelectuais, imprensa, principalmente o *Estado*, e estudantes eram francamente antinazistas. Quando os alemães afundaram um navio brasileiro, houve manifestações públicas a favor da entrada do Brasil na guerra ao lado dos Aliados, como uma grande realizada pelos estudantes da Faculdade de Direito. Saíram em massa do Largo de São Francisco para a Praça da Sé, onde seria a concentração. Eu tinha dezenove anos e acompanhei a passeata, gritando "Queremos fuzil, queremos fuzil!" Hoje sei que era uma manifestação permitida, e que o governo já havia decidido entrar no conflito, mas na época foi um orgulho marchar ao lado dos estudantes brasileiros contra Hitler e contra o nazismo.

As primeiras notícias dos familiares na Polônia só chegaram quando a guerra terminou. Não eram alentadoras. Soubemos que em Stopnica, em 1942, todos os judeus da cidade haviam sido presos e levados para campos de trabalhos forçados ou de extermínio. A Segunda Guerra afetou muito minha família. Não os mais velhos: os dois avôs morreram antes do conflito e minha avó Szprintse faleceu em decorrência de uma fratura do fêmur. Em contrapartida, os tios maternos Hinda, Tsyrl, Abraão, Wolf, e primos, com exceção de Mania, filha de tio Abraão, desapareceram todos.

Tia Pessl, mulher de tio Israel, fora vítima da crueldade dos soldados alemães. Ela ficara em Staszów quando seu marido retornara ao Brasil em 1933. Testemunhas contaram que em 39, ao passar por uma ponte com o filho pequeno, cruzou com soldados alemães. Sem mais, arrancaram-lhe a criança e a jogaram no riacho raso que corria sobre um leito de pedras e cascalho. Em seguida, ela foi presa. Nunca mais se soube dela.

Em Szczucin, cidade próxima a Stopnica, onde vivia Abraão, o irmão mais velho de minha mãe, os alemães entraram na sinagoga durante o *Iom Kipur* de 1939 e prenderam os dez judeus mais importantes da cidade. Tio Abraão, *shoikhet*, era um deles. Para dar exemplo aos outros cidadãos, como diziam, fizeram com que cavassem as próprias covas e os fuzilaram diante de todos. Por sorte, Mania, sua filha, já havia emigrado a Eretz Israel, graças a um casamento ar-

UMA HISTÓRIA PARA MEUS NETOS

ranjado com um jovem pioneiro do movimento halutziano que se preparava para uma vida comunitária. Apesar do casamento de conveniência, viveram juntos e felizes durante muitos anos.

Eu soube de uma história muitos anos depois do fim da guerra por causa de uma incrível descoberta familiar. Henia, filha de tia Tsyrl, casada desde 1939, tinha uma filhinha. Quando os alemães expulsaram os judeus da cidade, ela conseguiu deixá-la no pátio da igreja, dentro de um cestinho, antes de ser levada. Um médico não-judeu, que morava em frente, viu a cena, apanhou a criança e entregou-a um casal sem filhos que a criou como se fosse sua. Depois da guerra, um tio da menina por parte de pai, que havia sobrevivido, voltou à cidade para procurá-la e localizou-a graças a uma dentista judia convertida que conhecia a história.

Assim como a dentista, alguns vizinhos conheciam sua verdadeira identidade. Ela própria já desconfiava de que era filha adotiva, porque seus colegas de escola caçoavam: "Você é judia. Você é judia". Quando ela teve certeza, quis conhecer sua família e conseguiu nos escrever ao Brasil. Pedia que lhe enviássemos fotografias de sua verdadeira mãe, mas que não entrássemos diretamente em contato com ela, pois não queria magoar a mãe adotiva, que até o fim de seus dias não soube que a filha desvendara sua origem. Minha irmã Raquel lhe enviou algumas fotos da escola, onde ela e Henia haviam sido colegas. Também mandamos pacotes de mantimentos e presentes. Atualmente é uma senhora, já avó. É bióloga ou química, e seu marido, professor. Não se considera mais judia, mas seu filho tomou a decisão de viver em Israel, para onde emigrou com a família e mora em Beersheva.

Poucos meses depois do fim da guerra, minha vida tomou um novo rumo. O responsável por essa mudança foi Henrique Bidlowski, judeu polonês de Staszów, cidade vizinha à nossa, que conhecia nossa família de longa data. Vivia de uma pequena loja de roupas usadas na Rua Aurora, mas nem se importava muito em vender, pois ficava o dia inteiro lendo o jornal e eventuais fregueses até o atrapalhavam. Foi ele que me convidou a me candidatar a um cargo na Associação dos Israelitas Poloneses de São Paulo. Aceitei a sugestão e fui eleito secretário. Meu primeiro trabalho para a coletividade judaica portanto, foi voluntário.

Costuma-se dizer que onde há três judeus há quatro partidos. Em São Paulo havia duas associações ligadas à colônia judaica de origem polonesa: a Associação dos Israelitas Poloneses de São Paulo (AIPSP), à qual eu estava ligado, considerada sionista, e a União Cultural dos Israelitas Poloneses (UCIP), sob a influência dos então chamados progressistas, que era dirigida por Szyie Tunkielszwarc, um homem enérgico e dedicado.

Foi como voluntário da AIPSP que tive acesso às primeiras listas de sobreviventes, das quais constavam suas cidades de origem e informações sobre onde se encontravam. Um dia, estava copiando os nomes à máquina, tenso para poder divulgá-los rapidamente, quando li: "Sarah, Chaia e Tamara Iwaniska, de Stopnica". "São minhas primas", pensei na hora, transtornado. "São as filhas de Mania, irmã de meu pai." Estavam vivas. Foi uma alegria.

Algum tempo depois, com as primeiras cartas, ficamos sabendo que elas tinham passado mais de um ano num campo de trabalhos forçados em Skarzysko, onde costuravam uniformes para as tropas alemãs. Contaram que quando uma delas ficou doente, as outras duas conseguiram esconder o fato da vigilância, que certamente a teria mandado para as câmaras de extermínio, encarregando-se de sua cota de produção. Só se mantiveram vivas porque ficaram juntas. Que capacidade de sobrevivência!

As primeiras listas vieram de campos de refugiados da Alemanha, onde os sobreviventes tinham se reunido, à espera de ser resgatados. Muitos haviam viajado até lá de trem, de ônibus e até a pé, porque sabiam que o exército americano e as instituições judaicas estavam tentando encaminhá-los para uma vida normal. A grande maioria queria ir para Eretz Israel.

Certo dia, Bidlowski me disse sem rodeios: "Preciso de alguém para trabalhar no Centro Hebreu Brasileiro". Fui contratado no dia seguinte e desde então nunca mais parei de trabalhar para a coletividade judaica.

UMA HISTÓRIA PARA MEUS NETOS 79

Foi nesse trabalho que me aconteceu um caso curioso. O CHB, que funcionava na Rua Prates, 39, montou uma campanha para arrecadar fundos para os sobreviventes. Uma tarde, eu estava trabalhando no escritório quando entrou uma senhora de uns setenta anos, vestida de maneira muito distinta. Perguntou-me em ídiche se estávamos ajudando os judeus sobreviventes e, diante de minha resposta afirmativa, disse que estava ali para contribuir. Era o primeiro caso de uma pessoa que vinha oferecer espontaneamente uma doação. Disse-lhe que no momento não dispunha de recibos. Habitualmente, voluntários iam de casa em casa, recebiam as doações e forneciam um comprovante. Pedi seu nome e endereço, com a promessa de enviar alguém à sua casa. Ela morava no bairro da Luz. Alguma coisa soava estranha nessa história. Consultei a diretoria de nosso comitê, que deduziu ser a bondosa e distinta senhora uma ex-prostituta. Surpresos e um pouco inibidos com nossa descoberta, chegamos à conclusão de que não tínhamos o direito de recusar sua doação.

Não conheci nenhuma prostituta judia, não como cliente. Na adolescência, quando comecei a freqüentar a zona, o tráfico de moças judias já tinha acabado havia muito tempo. Mas sabia que judias que haviam sido prostitutas trinta ou quarenta anos antes eram donas de alguns prostíbulos.

No fim do século passado, existiu uma organização de tráfico de mulheres brancas que se chamou Tzvi Migdal – um nome estranho, já que *tzvi* significa "veado" e *migdal*, "torre". Através dessa organização, muitas moças de famílias judaicas da Polônia e da Bessarábia foram trazidas para a Argentina e para o Brasil, principalmente para o Rio de Janeiro. Embarcavam acreditando estarem casadas com os rapazes que as traziam, mas na verdade eram obrigadas a se prostituir ainda no navio, porque os "noivos" não passavam de cafetões. Muitos anos depois, algumas conseguiram escapar da dominação desses homens e vieram para São Paulo, onde se tornaram donas de bordel.

Quando eu era menino, lá no Bom Retiro, não conhecia toda essa história, mas sabia que não devia entrar na sinagoga da Alameda Ribeiro da Silva. Comentava-se veladamente que era a "sinagoga das

Com os membros do partido Poalei Tzion (Trabalhadores de Sion), durante o encontro com o dirigente sionista Zerubavel em visita a São Paulo.

Traduzindo a entrevista do Rabino Nurok. Em pé: Godel Kon, Simon Fleiss, Moyses Hoff e Julio Kuperman.

UMA HISTÓRIA PARA MEUS NETOS **81**

mimes", tias em ídiche, como eram chamadas as prostitutas judias. Não havia rabino, apenas um cantor que se encarregava das rezas. Como não eram aceitas pelo resto da comunidade, não podiam freqüentar as sinagogas nem enterrar seus mortos no cemitério da comunidade. Por isso, haviam criado uma associação de ajuda mútua, através da qual adquiriram em Santana, além da sinagoga, um terreno para ser seu cemitério e dos cafetões que, muito tempo depois, foi fechado e destruído. Os corpos foram retirados e enterrados no Cemitério Israelita do Butantã. A sinagoga também não existe mais.

Após a entrada do Brasil na guerra, ao lado dos aliados, em pleno Estado Novo, o movimento sionista havia sido proibido. Como as organizações de auxílio às vítimas israelitas conseguiam desenvolver seu trabalho sem problemas, alguns militantes, inconformados com a proibição getulista, fundaram o Centro Hebreu Brasileiro, uma instituição aparentemente assistencial – tanto é que de seu registro constava, entre parênteses, a qualificação de "órgão ligado e registrado junto à Cruz Vermelha Brasileira" –, mas que, nos bastidores, atuava em política. De um lado, arrecadava fundos para os sobreviventes; de outro, trabalhava para o movimento sionista.

Em 1897, na Basiléia, Suíça, foi fundada a Organização Sionista Mundial, cuja meta era a criação de um Estado judeu em Eretz Israel. Depois de encerrar os trabalhos do Congresso, e já em Viena, Theodor Herzl, o grande líder sionista, escreveu em seu diário: "Na Basiléia, criei o Estado Judeu. Daqui a cinco anos, talvez, e daqui a cinqüenta, com certeza, todos o verão". Ele estava certo. No Brasil, o movimento já existia antes da Primeira Guerra: cheguei a ver um exemplar de 1918 de *A Voz de Israel*, jornal sionista de Belém, com fotos de um desfile comemorativo da vitória dos aliados, no qual um carro alegórico trazia uma moça vestida com uma túnica branca e empunhando uma bandeira azul e branca com a estrela-de-davi.

Em 1936, o líder sionista Nahum Goldmann e o rabino Stephen Wise fundaram o World Jewish Congress (WJC) ou Congresso Mundial Judaico (CMJ), entidade internacional sediada na Europa, pois acreditavam na necessidade de uma organização que representasse todos os judeus do mundo. Essa preocupação, suponho, deve ter crescido quando Hitler assumiu o poder na Alemanha em 1933, pois desde que escrevera *Mein Kampf*, anos antes, ele já declarava abertamente seu anti-semitismo.

Já havia várias organizações judaicas internacionais atuantes. Uma delas, o American Jewish Joint Distribution Committee, ou simplesmente Joint, criada em 1914 por norte-americanos, tinha por finalidade ajudar judeus pobres. Seus dirigentes não admitiam posições políticas e acreditavam que os judeus eram cidadãos de seus países. Não eram os únicos a defender essa tese, pelo menos até o pós-guerra. Em São Paulo, os judeus de origem alemã, fundadores da Congregação Israelita Paulista (CIP), não eram sionistas. Entre eles, o dr. Luiz Lorch, contrário ao movimento nacional judaico, achava que os judeus deviam ser cidadãos leais apenas aos países onde viviam. Já, em oposição à maioria dos integrantes da CIP, Adalberto Corinaldi, futuro sogro de meu irmão Naftali, e Vitório Camerini, ambos judeus de origem italiana, eram sionistas. Outra entidade, o Keren Hayessod, Fundo Nacional Judaico, criado em Londres por Chaim Weizman, organizava campanhas como braço financeiro da Organização Sionista Mundial, cuja finalidade era a construção e desenvolvimento de Israel.

Depois da Segunda Guerra, o ambiente em todo o mundo judaico mudou. Muitos passaram a achar que o Estado de Israel seria a única saída para os judeus. Os sobreviventes que estavam em acampamentos de refugiados pressionaram as autoridades para deixá-los partir para Eretz Israel. A Organização Sionista comandou esse trabalho no seio dos acampamentos e para organizá-lo, enviou dezenas de *schlikhim* e de professores de hebraico, para ensinar a língua e dar sentido à vida daquela pobre gente. Ao mesmo tempo, fazia abertamente propaganda do movimento sionista.

No Brasil, os judeus de esquerda tinham posição contrária ao sionismo mas a partir do pronunciamento de Andrei Gromyko, então representante da União Soviética no Conselho de Segurança da ONU, em 1947, passaram a apoiar a criação de Israel. Num dos melhores

UMA HISTÓRIA PARA MEUS NETOS 83

discursos sionistas de que se tem notícia, Gromyko fez uma memorável defesa de um Estado judeu, uma posição que se devia também à intenção dos soviéticos de enfraquecer a posição dos britânicos no Oriente Médio. Ele baseava-se numa experiência anterior, ocorrida na URSS em 1934, quando Mikhail Kalinin era presidente e Stálin todo-poderoso secretário-geral do Partido Comunista. "Os povos só podem sobreviver, criar e produzir se tiverem a sua própria terra", dizia Kalinin então, ao destinar Birobidjan, uma região autônoma e pouco povoada, aos judeus soviéticos. Gromyko de certa maneira batia na mesma tecla, com uma diferença: poucos quiseram ir para Birobidjan, perto do rio Amur, quase na fronteira da Manchúria.

De certa maneira, delineava-se no cenário internacional a previsão de Ber Borochov (1881-1917), líder sionista russo de esquerda, que acreditava que os judeus só deixariam em massa os lugares onde moravam se pressionados. "Um povo não sai do seu lugar movido apenas por razões ideológicas", dizia, "mas por um *stychisher process*". É o que se convencionou chamar de "processo elementar", ou seja, um processo movido por razões objetivas, como problemas econômicos ou perseguições, por exemplo.

Desde 1945 havia um movimento que visava ajudar os judeus a atravessar as fronteiras da Europa Oriental e chegar à Europa Ocidental. Toda a Europa Oriental já estava sob o domínio comunista. Esse movimento chamou-se Bricha, que quer dizer "fuga". Todos queriam fugir para a Europa Ocidental, porque a verdade é que, nos meses que se seguiram ao final da guerra, houve na Tchecoslováquia, na Hungria e principalmente na Polônia verdadeiros *pogroms* contra os judeus. Em Kielce, capital da minha província natal, ocorreu um fato trágico que entrou para a história, uma inacreditável repetição das perseguições da época medieval. Em junho de 1946, um ano depois do término da guerra, muitos judeus já tinham voltado para Kielce. Um menino polaco de nove anos de idade contou ao povo que tinha sido raptado por judeus e levado ao comitê judaico da cidade, onde crianças cristãs eram mortas em cerimônias religiosas. O terrível boato começou a circular entre o povo. A polícia foi chamada a investigar e nada encontrou, mas a história foi se espalhando, cada vez pior, até

84 — FISZEL CZERESNIA

que em certo momento milhares de polacos, munidos de facas e pedaços de pau, invadiram o prédio onde funcionava o Comitê Judaico e simplesmente foram agredindo todos os que encontravam pela frente. Foi um massacre que resultou em 41 vítimas fatais e dezenas de feridos. É verdade que o governo polonês reagiu energicamente e nove pessoas foram condenadas à morte, mas os judeus perceberam que não estavam em segurança. Para quem tinha conseguido escapar ao holocausto, parecia insuportável não viver em paz.

Depois dos acontecimentos de Kielce, o número de judeus socorridos pela Bricha atingiu dezenas de milhares. Foi um movimento heróico da história do sionismo anterior à fundação do Estado de Israel.

A Grã-Bretanha dominava a Palestina desde 1917, quando os turcos, então aliados da Alemanha durante a Primeira Guerra Mundial, foram definitivamente expulsos pelo marechal britânico Allenby. A 2 de novembro de 1917, através de um documento que é uma obra-prima da diplomacia, por sua redação sutil, versátil e por isso cheia de ambigüidades – a Declaração Balfour, nome do ministro dos Negócios Estrangeiros, a Grã-Bretanha se comprometia a estabelecer um lar judaico na Palestina e ressalvava que a decisão não deveria atingir nem os interesses das populações não-judias nem os direitos de cidadania dos judeus fora da Palestina. A declaração, resultante de um longo trabalho dos sionistas, coroado por um memorando encaminhado ao Foreign Office, pode ser considerada a certidão de nascimento, a base política e diplomática do movimento sionista.

Em 1922, finalmente, a Grã-Bretanha recebia um mandato oficial da Liga das Nações sobre a Palestina, através do Acordo de San Remo. O país mandatário comprometia-se a incentivar a criação de um lar judaico na Palestina, mas manteve na prática uma atuação política que não favorecia esse objetivo. Procurando contrabalançar a influência judaica na região, a Grã-Bretanha ainda deu ouvidos aos nacionalistas árabes, que se opunham abertamente ao movimento sionista, e em 1939 editou o *Livro Branco*, um documento cujo teor

UMA HISTÓRIA PARA MEUS NETOS

limita não apenas a imigração, mas a compra de terras por judeus na Palestina. Por isso, assim que a Segunda Guerra terminou, o Conselho Nacional Judaico, entidade que governava a comunidade judaica da Palestina, solicitou ao governo mandatário a emissão de cem mil certificados de imigração para os sobreviventes dos campos de extermínio. Além de negar o pedido, a Grã-Bretanha mobilizou sua armada no Mediterrâneo, tentando impedir que velhos navios superlotados de refugiados chegassem ao seu destino.

Diante dessa posição, a Organização Sionista organizou a Aliah Bet, sediada em Paris e comandada diretamente por David Ben Gurion, então presidente do Executivo Sionista, que visava transportar clandestinamente os judeus para Eretz Israel. Entre 1937 e a Proclamação da Independência de Israel, em 14 de maio de 1948, a organização deu cobertura a cerca de cem mil pessoas que queriam imigrar. Anos depois, no *kibutz* Kineret, conheci Shaul Awigur, um dos líderes dessa missão.

Em agosto de 1946, depois que Winston Churchill perdeu as eleições, a nomeação de Ernest Bevin para o Ministério das Relações Exteriores reacendeu as esperanças dos judeus, mas acabou sendo uma enorme decepção. Obedecendo à tradicional política anti-sionista do Foreign Office, Bevin assumiu posições radicais que provocaram reações em todo o mundo, especialmente nos Estados Unidos. Vendo-se pressionada, a Grã-Bretanha entregou o caso à ONU. Uma comissão especialmente indicada percorreu os campos de refugiados para inteirar-se da situação e foi recebida com manifestações de apoio à imediata criação do Estado de Israel. "Deixem-nos partir para lá", imploravam. Depois de visitar lideranças de ambos os lados, a comissão recomendou a concessão dos cem mil certificados de imigração.

Como secretário do Centro Hebreu Brasileiro, eu tinha um contato estreito com os líderes que vieram para cá depois de 1945. Eram homens de incrível conhecimento tanto do ponto de vista cultural quanto político, e que exerceram grande influência sobre minha formação. Verdadeiros missionários, seu trabalho era influenciar pessoas, convencê-las a apoiar financeiramente e a se engajar na causa sionista.

Um deles foi Jacob Helman, chefe do Departamento Latino-Americano do World Jewish Congress (WJC). Figura extraordinária fora líder judaico da Letônia e era correligionário de Ben Gurion. Foi a primeira personalidade que ajudei a recepcionar. Eu acabara de ser contratado pelo CHB quando ele e Samuel Margoshes, um dos líderes sionistas dos Estados Unidos, decano dos jornalistas judeus norte-americanos e então diretor do diário em ídiche *Der Tog*, chegaram ao Brasil para realizar a campanha do CHB, que incluía uma manifestação no Teatro Santana e um banquete no Hotel Esplanada. Fomos todos almoçar no Lar dos Velhos, entidade que eu conhecia desde 1935, quando havia participado do lançamento de sua pedra fundamental como aluno da Talmud Torá. Saímos de carro – para mim, um verdadeiro luxo. Ainda estávamos no carro, dr. Moisés Hoff, destacado membro do Executivo do CHB, os enviados e eu, quando Helman me apontou sutilmente e perguntou em ídiche:

– Quanto ganha um jovem como ele?

– Mil e quinhentos cruzeiros, respondeu o dr. Hoff.

Era uma quantia três vezes maior do que a que me tinham prometido, mas não fora ele quem negociara o salário comigo. Depois que soltou a cifra, astronômica para mim, não ficava bem não assumir o compromisso. Recebia o equivalente a quase dezoito salários mínimos e, com tanto dinheiro no bolso, pude ajudar a família e até pagar umas pizzas para os amigos. Mas, ao invés de meio-período, como havíamos combinado, passei a trabalhar o dia inteiro, fins-de-semana e algumas noites.

Outro líder importante com quem tive contato foi o rabino Nurok, da Letônia, que veio ao Brasil para uma campanha na qual o Centro Hebreu Brasileiro também estava engajado. Metade do dinheiro arrecadado se destinava ao Congresso Mundial Judaico e o resto iria para o Keren Hayessod. Salvo durante a Segunda Guerra Mundial graças ao governo sueco que o retirou da Letônia depois da ocupação alemã,

Abertura do conclave no Luna Park em Buenos Aires.

Nurok era uma liderança tão importante que numa das crises ministeriais de seu país foi incumbido de formar um novo gabinete. Diga-se de passagem, não foi bem-sucedido na tarefa. Foi com ele que, em 1947, fiz minha primeira viagem na qualidade de secretário do CHB. Era o vôo inaugural de um bimotor inglês da companhia aérea Real, e tenho a impressão de que só havia convidados a bordo, com exceção do rabino e de mim, que tínhamos pago a passagem. Em Curitiba e Porto Alegre, as duas cidades onde deu palestras, fui encarregado de apresentá-lo. Em 1949, durante minha estada em Israel, encontrei-o um dia passeando sozinho na praia de Tel-Aviv. Foi uma alegria. Tinha sido eleito deputado ao Parlamento israelense. Ele me disse: "Israel vai ter um desenvolvimento econômico fantástico. Seremos a Suíça do Oriente Médio".

Um dos emissários com quem colaborei mais intensamente neste período foi Yossef Tchornitzky. Ele vivia no México, era professor em uma escola judaica e grande orador. Como secretário do CHB, acompanhei-o em todas as suas aparições públicas e, embora ouvisse seus mesmos discursos repetidas vezes, eu sempre ficava impressionado. Ele conseguia entusiasmar a juventude judaica de São Paulo e teve grande influência no desenvolvimento do movimento sionista no Brasil. Tchornitzky emigrou para Israel em 1948 e foi diretor do Keren Hayessod até aposentar-se. Mantivemos fraterna amizade até seu falecimento em 1993.

Uma enviada com quem tive contato – e alguns problemas – foi Ruth Kluger, secretária de Ben Gurion, que chegou ao Brasil em 1947 com a missão de coletar fundos para a Aliah Bet e criou o Clube Chaim Weizman. O clube funcionava, juntamente com outras instituições judaicas, na Praça da República, 242, e se destinava à arrecadação de fundos para a emigração de judeus. Eu era um dos cerca de quinze membros ativos – cuidava da administração –, mas praticamente todos os judeus influentes daquela época contribuíam. Recordo de alguns, como Benjamin e Salomão Flit, Júlio Groichberg, Júlio Kuperman, Jan Korsunski, Isai e Zimon Leirner, Leon Feffer, David Zeiger. Resolvemos obviamente juntar os esforços e passei a trabalhar com a sra. Kluger.

UMA HISTÓRIA PARA MEUS NETOS

Acontece que, na minha opinião, Ruth Kluger extrapolou os objetivos de sua missão. Entre outros absurdos, solicitou dos voluntários um juramento como o que prestavam os soldados do exército secreto de Israel, a Haganah, que exigia dos simpatizantes segredo absoluto sobre suas atividades. E mais: recrutou os mais destacados membros do movimento juvenil para controlar a atuação dos ingleses em São Paulo e o movimento de navios britânicos no porto de Santos. Entre os jovens houve muita relutância, pois perceberam o exagero (e o ridículo) das suas medidas. Afinal, bastava comprar os jornais do dia para acompanhar as entradas e saídas de todas as embarcações.

Desconfiada de que meu amigo Isaac Kissin fosse agente britânico, a sra. Kluger fez com que arrombassem sua mala em busca de documentos comprometedores. Ele soube do fato e riu: era a única reação possível. Nascido em Moscou, Kissin teve uma juventude atribulada. Aos onze anos, pouco depois da revolução bolchevista, fugiu da União Soviética acompanhado de uma senhora que trabalhara para sua família. Viveu sozinho até os treze, foi para a Alemanha, estudou e se formou, e de lá viajou para a Inglaterra e para a Espanha. Conseguiu doutorar-se em oito disciplinas. Durante a Segunda Guerra, Kissin havia sido ligado ao Departamento Econômico da Inteligência Britânica, mas mantinha estreita ligação com o movimento sionista da Inglaterra. Eu o conheci em 1945. Era uma pessoa muito especial, brilhante. Foi, sem dúvida, meu melhor amigo. Nossa amizade perdurou até o seu falecimento, em Israel, em 1977.

Ruth fazia manobras incríveis para se apropriar do que Israel simbolizava para os sionistas. Todas as sextas-feiras, por exemplo, pedia-me para ir à floricultura encomendar um buquê que lhe era entregue como se tivesse sido enviado de Paris por David Ben Gurion ou Moshe Sharett... Eu estava bastante descontente com seu comportamento quando um último acontecimento veio confirmar minhas impressões a seu respeito. No banquete de despedida que lhe ofereceram, fez um discurso de agradecimento e, diante de mais de cem pessoas, disse: "E para Hana Tzikenovsky, que me secretariou no Rio, que tanto me ajudou, ofereço este lenço de Israel". Aquele lenço, de seda italiana, eu mesmo havia comprado horas antes, a seu pedido, no magazine Mappin, em São Paulo. Como já estava irritado com ela, e no intuito de desmascará-la, contei a Hana a verdade. Quando soube do episódio, Isaac Kissin quis escrever a Israel e denunciar o acontecido, mas achamos que não valia a pena.

Apesar de suas atitudes inconseqüentes, Ruth Kluger não era malvista e conseguiu impressionar a liderança judaica do Rio e de São Paulo.

Em fins de 1947, início de 1948, muita gente colaborou não só com a coleta de fundos para a emigração, como com o transporte secreto de armas para Israel. O envio de armamentos havia sido embargado pelos Estados Unidos, mas as armas passaram a ser contrabandeadas via México e Brasil. Eram compradas com certa facilidade do próprio exército norte-americano. Tínhamos gente nossa nas companhias de navegação do Rio de Janeiro e de Santos. O principal organizador chamava-se Manashe Krzepicki e era gerente de uma das maiores agências de transporte marítimo do Rio. As companhias recebiam os caixotes e neles escreviam, por exemplo, "tratores", com o sinal "22A", código que indicava que a mercadoria devia ser enviada para Israel. Eu sabia dessa história, mas nunca cheguei a ver nenhum carregamento. Minha participação na operação limitou-se a contatos com a sra. Kluger.

Em dezembro de 1946 foi fundada a Federação Israelita do Estado de São Paulo (Fisesp). Participei, como secretário executivo do CHB, de todas as reuniões da comissão organizadora presidida pelo dr. Moysés Kauffmann. A liderança de dr. Kauffmann foi decisiva para a constituição da Federação como entidade representativa de nossa comunidade e não apenas como arrecadadora de fundos para fins de assistência social. O Centro Hebreu Brasileiro, em torno do qual se concentravam então os sionistas, sob influência do Congresso Mundial Judaico, foi o verdadeiro catalizador que permitiu vencer as oposições e as divergências então reinantes. Da comissão organizadora, participaram dois representantes do grupo progressista, Jacob Len e Godel Kon. Godel, eleito para a primeira diretoria da Federação, in-

UMA HISTÓRIA PARA MEUS NETOS 91

fluiu na fixação de meu salário como secretário executivo, cargo que exerci até minha viagem a Israel em janeiro de 1948.

Em 1947, a convite de Jacob Helman, participei da Conferência Latino-Americana do CMJ, em Buenos Aires, juntamente com Godel Kon, meu futuro sogro, Júlio Kuperman e dr. Moisés Hoff. O encontro foi aberto no Luna Park com a presença de cerca de 15 mil judeus da cidade. A repercussão foi enorme. A figura central da Conferência foi Nahum Goldmann, um dos maiores líderes judaicos deste século com quem sempre aprendi muito.

Era sábado à noite, 29 de novembro de 1947 quando a Organização das Nações Unidas (ONU) aprovou a partilha da Palestina em dois Estados, o judeu e o árabe. Eu estava na casa de um vizinho, José Plonka, amigo de meu pai, que trabalhava comigo na Associação dos Israelitas Poloneses em São Paulo. Acompanhávamos pelo rádio o noticiário da noite e vibrávamos a cada "sim". Quando a votação terminou, saímos correndo para a sede da Organização Sionista, também localizada na Praça da República, 242.

O plano elaborado pela ONU procurava equacionar a situação na região e propunha a criação de dois Estados na Palestina, enquanto Jerusalém permaneceria neutra e internacional. Finalmente, naquele dia de novembro, o projeto foi votado numa sessão presidida pelo chanceler brasileiro, Osvaldo Aranha. Ainda tenho comigo uma cópia da votação, com anotações feitas a caneta por ele, com suas iniciais. É uma relação em três colunas: os países que eram a favor, os que eram contra – todos os árabes – e os que se abstiveram. A proposta foi aceita por 33 votos a 13, com 10 abstenções e uma ausência, garantindo os dois terços necessários. As duas grandes potências, EUA e URSS, se posicionaram favoravelmente, assim como o Brasil. Nossos vizinhos Argentina, Chile e Colômbia, entre outros, se abstiveram.

Anos depois, soubemos como a votação havia sido dramática. A sessão fora convocada especialmente e a pressão era tanta que a própria decisão de pôr o assunto em votação foi complicada. Houve

Com Nahum Goldman (Presidente do Congresso Mundial Judaico), tendo ao lado Alfred Hirshberg, Berniamin Citron, Rabino Valt e Gelbart.

UMA HISTÓRIA PARA MEUS NETOS

um momento crucial, em que os árabes pediram o adiamento. Osvaldo Aranha forçou a votação naquele momento, o que foi decisivo para os judeus. Até hoje existem dúvidas sobre o intuito do chanceler no caso. Alguns judeus brasileiros disseram depois ter tido alguma influência sobre esse voto. Contaram até que conversaram com a mãe de Osvaldo Aranha, em Porto Alegre, para que tentasse convencer o filho. É difícil saber se foi ou não verdade. O fato é que ele simpatizava francamente com a política norte-americana e que os americanos defendiam o plano da divisão da Palestina.

O governo brasileiro abrigava fascistas e democratas pró-americanos. O próprio presidente Getúlio Vargas notabilizou-se pela oscilação. Uma de suas manifestações públicas a respeito dessa questão foi declaradamente fascista. A 11 de junho de 1940, num discurso em que mencionava "uma nova ordem" que se delineava no mundo, aplaudia uma possível ordem hitlerista. Mais tarde, com a vitória dos Aliados, o Brasil não só se colocava contra o *Führer*, como votava a favor do plano da partilha, ou seja, pela criação de um Estado judaico. O Centro Hebreu Brasileiro do Rio de Janeiro mantinha contato com altos escalões do governo e até com o presidente. Em *A História do Sionismo no Brasil*, Samuel Malamud descreve essa atuação, sob a liderança de Jacob Schneider. O fato é que o movimento sionista no mundo, aproveitando a intermediação de judeus influentes, fez pressão para obter votos favoráveis na decisão.

Abba Eban, embaixador de Israel na ONU a partir de 1949, contou em um artigo na imprensa que até gângsteres judeus dos Estados Unidos, embora menos poderosos do que os da Máfia italiana, disseram naquele momento: "Somos judeus e queremos ajudar. Faremos o que for preciso: raptar, liquidar delegados..." E não eram só eles que estavam mobilizados. Muitas moças atraentes – judias, é claro – também trabalharam pela causa. Sabe-se que uma delas, pelo menos, conseguiu manter um delegado ocupado durante a votação.

A votação que se realizaria na ONU mobilizou durante dois ou três meses a comunidade judaica no Brasil. Em julho de 47, organizamos uma manifestação no Estádio do Pacaembu, onde calculo que reunimos mais de dez mil pessoas, com a presença de Nahum

Goldmann. O movimento Hashomer Hatzair, de esquerda, era contra a divisão da Palestina e a favor de um Estado binacional, com governo único, mas onde árabes e judeus teriam autonomia, conservariam sua língua e cultura. Acreditavam que não se poderia fazer de Eretz Israel um Estado apenas judeu. Por isso, entraram no Pacaembu com faixas de protesto. Os revisionistas da direita, membros do movimento Beitar, também apareceram para se manifestar contra a divisão de Eretz Israel – só que, de Eretz Israel, queriam também o outro lado do Jordão.

7

A Organização Sionista...

Em 1947, a Organização Sionista estava formando um grupo para passar um ano em Israel no que chamavam de "seminário de *madrikhim*". Sessenta jovens do mundo todo iriam fazer um curso de um ano, que compreendia estudos de hebraico, de história judaica e dos movimentos sionistas, num instituto do departamento juvenil da Organização Sionista Mundial em Jerusalém, e uma temporada em um *kibutz*. As aulas iam da preparação teórica à arte de decorar salões de festas. A programação ainda previa alguns passeios pelo país. Em troca, os participantes assumiam o compromisso de atuar durante pelo menos dois anos em movimentos juvenis sionistas em seu país de origem. O Brasil tinha direito a enviar dez jovens, e cada movimento devia apresentar seus candidatos. Eu não estava sendo cogitado, porque não era ligado a nenhum movimento juvenil, ideologicamente falando. Eu era funcionário da Federação Israelita do Estado de São Paulo, sucessora do Centro Hebreu Brasileiro desde 1946, e ao mesmo tempo trabalhava no Keren Hayessod.

Apesar disso, um dos dirigentes do Keren Hayessod, Vitório Camerini, me convidou pessoalmente. "Quero que você vá fazer esse curso", disse-me, quase como uma ordem. Por coincidência, meu irmão Naftali havia sido indicado pelo movimento halutziano Dror. Claro que essa indicação acabou criando um problema, porque a situação política no Oriente Médio era delicada: entre a seleção dos candidatos e a viagem propriamente dita, programada para janeiro do ano seguinte, em novembro a ONU deliberou sobre a divisão de Eretz Israel e as escarmuças haviam começado imediatamente. Mandar dois filhos da mesma família para uma área de conflitos poderia não parecer aconselhável. Não sei se éramos inconscientes ou se o entusiasmo conseguia encobrir todos os nossos temores, porque ninguém, nem mesmo nossos pais (pelo menos ostensivamente), se preocupou com isso.

Tínhamos o direito de escolher o *kibutz* onde queríamos nos hospedar, e a escolha, em geral política, normalmente recaía sobre aquele que se encontrava mais próximo de cada um do ponto de vista ideológico. O maior problema naquele momento era conseguir o dinheiro para as passagens. Eu tinha economias e paguei a minha à vista – ida e volta. Era mais garantido. Mas nenhum dos outros nove tinha com que pagar a viagem, muito menos o verdadeiro enxoval que os organizadores nos recomendavam levar.

Compramos calças e camisas de brim, capas e chapéus de chuva de xantungue, botas altas e casaco de couro, tudo na loja do Pinczowski, judeu da Rua Bandeirantes, para conseguir um bom desconto. Resultado: além da mala, levávamos um enorme baú cada um. Éramos seis de São Paulo, Arão Thalenberg, David Sztulman, Léa Szteinbaum, Pola Szwarctuch, Naftali e eu, um de Curitiba, Efraim Bariach, e três moças do Rio, Myriam Genauer, Myriam Halfin e Shulamit Kopelman. Organizamos bailes, e vendemos rifas para arrecadar a soma de que precisávamos.

Meus companheiros brasileiros eram politicamente engajados e atuavam em organizações diferentes. David pertencia ao movimento juvenil dos revisionistas, Beitar. Voltou mudado, porque lá ligou-se ao Partido Trabalhista. Bariach, filho do diretor da escola judaica de

UMA HISTÓRIA PARA MEUS NETOS

Curitiba, o mais preparado de todos em termos de sionismo, era do Dror, assim como Myriam Genauer e meu irmão Naftali.

O curso acabou sendo dado para poucos. Além de nós, brasileiros, havia três representantes da Austrália, dois do México e um do Chile. Ao todo, apenas dezesseis. Josef Stern, o chileno, marxista que defendia a criação de um Estado judaico, foi comigo para o *kibutz* Naan.

O grupo se reencontrou em Jerusalém em 1988, quando o Estado de Israel completou quarenta anos. Alguns, como Bariach, eu revia pela primeira vez, mas mantive contato com vários ex-colegas, como o mexicano Itzhak Marcowitz, do Hashomer Hatzair. Dos dez brasileiros, seis vivem em Israel, dois no Brasil e dois, Bariach e Pola, já faleceram. Arele, e Léa haviam se casado, assim como Bariach e Myriam Genauer.

Dia 31 de janeiro de 1948. Santos. Embarcamos na terceira classe do *Santa Cruz*. Destino: Gênova, Itália. Família, amigos, todos estavam lá para a despedida. Um misto de alegria e preocupação era visível nas faces daqueles que nos acompanhavam.

Rio de Janeiro. Escala de quase um dia. Fomos visitar a biblioteca Bialik, onde funcionava o movimento juvenil sionista. Zarpamos à meia-noite. Observei a cidade pelo lado de quem parte. Já tinha visto esse cenário em 1934, quando de nossa chegada ao Brasil, mas era muito criança, e dessa vez eu estava partindo: as emoções eram diferentes. Lembrei do professor Zagotis, meu mestre de geografia no ginásio, que durante aulas seguidas nos descrevera os encantos da baía da Guanabara. Ele dizia que a beleza do Rio iluminado era imperdível.

2 de fevereiro. Meu aniversário, a tripulação me ofereceu um bolo.

Ilhas Canárias, Espanha. Espanha do general Franco. Bariach era o único que tinha passaporte brasileiro. Os outros, como eu, mantinham sua nacionalidade de origem, o que complicava nossa descida. Além do mais, não tínhamos visto de entrada. Pola, bonita e graciosa, conseguiu convencer um dos guardas a nos deixar desembarcar com a condição de que os passaportes ficassem no navio. Tenho saudades quando penso nela.

Fomos passear: mulheres para um lado, homens para outro. As moças logo encontraram um vendedor de quinquilharias que se dizia o único judeu das Canárias. Quando soube que elas estavam a caminho de Eretz Israel, pediu insistentemente para que fossem à casa dele. Queria provar sua origem. Exibiu velhos objetos judaicos, velas e livros.

Nós, os homens, resolvemos dar uma volta pela ilha, sem compromisso. Logo fomos abordados por uns meninos que diziam: "Tenho uma irmã bonita, venham conhecê-la".

Confesso que fui eu que tive a idéia. Resolvemos fazer um brincadeira: fomos até o prostíbulo e pedimos a uma moça que iniciasse sexualmente um de nossos colegas de vinte anos, único entre nós ainda virgem.

Já estávamos de volta, observando, do convés, a manobra do navio que começava a zarpar, quando um comissário perguntou, aflito: "Onde estão as garotas?" As meninas não estavam a bordo. O problema é que elas, muito interessadas nas relíquias do judeu, haviam se esquecido do horário de partida. Bem, isso não era de se estranhar. Shulamit não era muito organizada, Pola também não. Eram 5 horas, já havíamos recebido os passaportes. "Bariach! Você fica", ordenei. "Não podemos deixá-las sozinhas, sem os passaportes."

Juntamos algum dinheiro para lhe dar, mas, por sorte, quando ele estava desembarcando, vimos as meninas ao longe, andando devagarinho e rindo. Embarcaram despreocupadamente. Quando nos viu, Shulamit perguntou, entre uma gargalhada e outra: "Ah! Ah! Estavam preocupados?"

Havíamos passado meia hora de terror. Eu não me contive: dei-lhe umas boas palmadas na bunda. Bati, bati. Estava com tanta raiva! Todos em volta aplaudiram. Ela, inconseqüente, continuava rindo, e só parou depois de muito apanhar.

Estreito de Gibraltar. Todos no convés, observando a Europa, de um lado, e a África, do outro. Um senhor de idade de origem liba-

Despedida no cais de Santos, com Pola e Naftali.

No convés, com Lea, Naftali, Arele, Pola e Sztulman.

Comemorando meu aniversário no navio.

UMA HISTÓRIA PARA MEUS NETOS

nesa que morava na Argentina ou no Uruguai, e estava indo ao Líbano, pôs-se a conversar comigo num espanhol fluente. Contei que éramos uma delegação de dez jovens brasileiros de origem judaica e que estávamos indo para Eretz Israel.

"Mas o que vão fazer na Palestina? Vocês não percebem que isso é uma loucura? Os árabes nunca permitirão que se estabeleçam. Serão exterminados", dizia com gestos largos, apontando o horizonte. "O mundo árabe tem de 300 a 400 milhões de habitantes. Vai de Gibraltar até a Ásia. Vocês serão esmagados. São jovens, voltem."

Foi a primeira discussão política que tive com um árabe. Confesso que não fiquei muito impressionado. A fé no sionismo era grande.

Gênova, duas semanas depois da partida. A previsão era ficarmos na cidade um ou dois dias, até que outro navio menor, nos levasse para Haifa, via Alexandria, no Egito. Não sabíamos, mas durante a travessia, e por causa da situação política, a Organização Sionista Mundial havia cancelado nosso curso e telegrafado para o Brasil comunicando-nos a decisão. Só que o grupo já estava a caminho.

Para nossa surpresa, a companhia de navegação que nos levaria ao Oriente Médio informou que a viagem prevista para o dia seguinte havia sido cancelada, mas, é claro, assumia o compromisso de nossa estada na Itália até que pudéssemos embarcar. Em princípio, ficaríamos três semanas à espera de outro navio. Procuramos colocar as idéias em ordem. Movimentos bélicos, ataques iminentes dos inimigos ou obstáculos em geral não eram o que mais importava naquele momento. Enviamos um telegrama anunciando que havíamos chegado à Itália e que atrasaríamos nossa chegada a Jerusalém. Tínhamos que assumir essa responsabilidade, mas não foi uma decisão difícil: todos concordavam, nenhum de nós queria voltar. Nossa preocupação imediata era ter o que fazer durante a espera em Gênova.

Fazia um frio terrível e ficamos hospedados num hotel miserável no porto. Lembrei da garrafa de prata, dessas que se guarda no bolso e que tinha ganho de Berco Gorski e sua mulher Rebecca antes de sair do Brasil. Para espantar o frio e a falta de perspectivas, comprei rum, enchi a garrafa e convidei os amigos a dar uma volta e pensar um pouco. Quando conseguíamos encontrar um lugar onde não havia muito vento, parávamos e, um depois do outro, tomávamos um gole. O passeio e a bebida deram resultados. Tivemos a idéia de ir conversar com o diretor da companhia de navegação. Fomos procurá-lo, Pola e eu, em nome da delegação. Dissemos que queríamos aproveitar as três semanas para viajar. Prometíamos estar de volta na véspera da partida do navio. Era a primeira vez que eu saía do Brasil, e conhecer a Itália, principalmente Roma, era um sonho que datava do tempo do ginásio.

Sem a menor cerimônia, propusemos trocar o valor estipulado pela hospedagem naquele hotel de última categoria, por dinheiro vivo.

– Pretendemos usar a verba de outra maneira – lançamos, sem dar detalhes sobre o que faríamos.

Ele não concordou de imediato.

– Sou responsável por vocês na Itália. Se adianto o dinheiro e vocês gastam tudo de uma vez, como ficaremos?

Apesar da hesitação, senti que alimentava certa simpatia pela nossa proposta. Por ser mais velho, devo ter impressionado quando disse:

– O senhor nos acha com jeito de aventureiros?

Ao que ele respondeu imediatamente:

– Você assume a responsabilidade?

Ele ainda tentou fazer contas que nos desfavoreciam, mas a manobra foi inútil. Sabíamos exatamente o valor da hospedagem e da alimentação pago por cada um de nós pela companhia de navegação; portanto, calculamos com precisão quantas liras devíamos embolsar pela barganha. Além disso, tínhamos a segurança de termos nosso dinheiro. Pola e Shulamit, a bem da verdade, não tinham nem um tostão no bolso, mas eu financiei algumas de suas despesas.

No dia seguinte, saímos alegremente para um *tour*, uma sacola de mão para cada um e dinheiro para todos. Não era muito, mas seria suficiente se seguíssemos um plano bem elaborado. Começaríamos por Florença. Tomaríamos o trem à noite para economizar as diárias de hotel, passearíamos o dia inteiro e comeríamos uma refeição quente por dia, o almoço.

UMA HISTÓRIA PARA MEUS NETOS

103

E foi assim. De manhã, comprávamos pão e queijo e tomávamos café num bar. À noite, além de um pão, maçãs, que engolíamos na estação antes de partir em outro trem.

De Florença, fomos a Roma, onde resolvemos nos hospedar em um hotel. Afinal, jovens também se cansam. Era um desses hotéis baratos que ficam próximos à estação.

Esquadrinhamos a cidade de um canto a outro graças a um guia detalhado que eu comprara. Meu maior sonho era ver o *Moisés* de Michelangelo. O professor Zagotis, aquele que nos descrevia o Rio de Janeiro, também falara de Roma e de Michelangelo sem nunca ter estado lá, sem nunca tê-los visto. Eu não esquecera suas palavras. Conhecia todos os detalhes da escultura do mestre e quando entramos na pequena capela San Pietro in Vincoli e a vi, fiquei parado, tomado de emoção, conferindo durante quase um par de horas o que já sabia das aulas do professor.

Léa e David foram para Nápoles.

Nós resolvemos voltar. Fomos por Rapalo, uma pequena cidade antes de Gênova. Estávamos com fome e não conseguíamos decidir onde comer. Depois de muita discussão, decidi que entraríamos no primeiro restaurante que avistássemos. E o primeiro que apareceu – soubemos depois, é claro – era um dos mais caros da Europa. Gastamos, de uma vez, a verba de uma semana. Pedimos salada, frutos do mar à milanesa, massa e, inesquecível, a sobremesa: cerejas, muitas cerejas em cestos enormes. Eu não comia cerejas desde que saíra da Polônia. Foi uma delícia. Depois do almoço, subimos de funicular os contrafortes dos Alpes ao lado do restaurante. No alto, havia um gramado todo salpicado de florzinhas. Era início da primavera. Inebriados pela beleza, nós nos atiramos ao chão e rolamos até o pé da montanha. Ao fundo, as neves eternas dos Alpes e em baixo, a cidade à beira-mar. Era lindo.

Voltei a Rapalo em 1977, quase trinta anos depois, dessa vez com a Rosa. Fui ao mesmo restaurante, talvez atrás das mesmas emoções. Mas o restaurante luxuoso que eu conhecera não existia mais, tinha se transformado num lugar completamente decadente. Apesar disso, resolvemos almoçar. Nunca mais esqueci essa refeição, não pela qualidade da comida, longe disso, mas porque foi nesse dia que tive um dos grandes choques de minha vida: vi, num velho aparelho de tevê, daqueles que ficam constantemente ligados atrás de um balcão, o sisudo Menahem Begin dançando de alegria. Ele acabara de ganhar as eleições em Israel. Pela primeira vez desde a Proclamação do Estado, a direita estava no poder. Saí cabisbaixo. Nem lembrei de olhar para as neves eternas dos montes alpinos.

O povo italiano escreveu um capítulo maravilhoso da história durante os anos do pós-guerra. Motivada pelo ódio que nutria por Benito Mussolini e inconformada com a proibição britânica de abrir a imigração para Eretz Israel, a população ajudou a organizar a fuga de muitos sobreviventes de origem judaica. Foragidos foram acobertados até mesmo por prostitutas em suas casas de tolerância, enquanto autoridades, como Giulio Andreotti, então deputado e depois ministro em várias ocasiões, trabalhavam a nosso favor na esfera oficial.

Não estou bem certo, mas acho que foi por meio da Organização Sionista Mundial que entramos em contato com o rabino de Milão. Ele nos contou que perto de Gênova havia um acampamento de preparação para a Aliah Bet, a grande onda migratória para Eretz Israel, e que poderíamos visitá-lo. Eu havia trabalhado para a Aliah Bet no Brasil, mas ver um acampamento era algo impensável até então.

Fomos de bonde para o sul de Gênova. Era sexta-feira. Nunca esquecerei a fortíssima impressão que senti ao chegar. Eu estava lá, de corpo e alma, tomado pelo que haviam tentado me comunicar em discursos teóricos, em artigos na imprensa. De repente, tive noção de que estava vivendo e fazendo a história judaica.

Era um antigo palácio italiano sobre rochas, acima do mar, em que a Organização Sionista estava abrigando sobreviventes de toda a Europa à espera da imigração. Às vezes, esperavam meses até a chegada de um navio que os levasse à Terra Prometida.

Entramos comovidos. Logo no portão, uma guarita com um civil armado e uma bandeira azul e branca, hasteada bem no meio do pátio – a mesma bandeira desde o Congresso Sionista na Basiléia, há

UMA HISTÓRIA PARA MEUS NETOS

quase meio século. Havia umas duzentas pessoas, homens e mulheres, todos jovens. Eram do movimento juvenil halutziano, não religiosos. Estudavam hebraico e faziam exercícios com fuzis de madeira para aprender a manejar armas.

À noite, houve o *Kabalat Schabat*, a festa de *schabat*. Tudo era muito pobre. Reunidos no grande salão, eles cantaram, acenderam velas, jantaram. Não rezaram. Um dos imigrantes veio falar comigo porque ouvira dizer que havíamos chegado do Brasil.

– Tenho um tio no Brasil, mas não sei em que cidade – ele me disse, em ídiche, ao que respondi, um pouco sem graça:

– O Brasil é muito grande. Como ele se chama?

– Israel Zomer.

Tive um choque. Zomer era um homem com quem eu me encontrava todas as noites na esquina da Rua Guarani com a Rua Prates. Havia sido nomeado pelo "Parlamento" do Bom Retiro "presidente" do Shnorer Farain, a nossa República dos Mendigos. Vivia da venda de canetas e relógios. Dei-lhe o endereço. Soube que se comunicaram mais tarde.

Depois da refeição, um deles nos levou por umas escadinhas escuras até o mar. Contou que uma semana antes um agente inglês havia sido morto por ali. Pelas estacas de ferro fincadas no meio das rochas, entendemos que aquilo devia ser um pequeno ancoradouro. Os navios que vinham buscar os imigrantes ficavam ao largo.

Chegamos ao acampamento à tarde, passamos a noite lá e partimos na manhã seguinte, tempo suficiente para essa visita ficar marcada para sempre na minha memória.

Meses mais tarde, soube que se dizia em La Spezia, um porto bem ali do lado, que um grupo de 2.500 judeus havia partido clandestinamente de lá num navio também chamado *La Spezia*. Imaginei que muitos de meus amigos do palácio deviam estar naquele grupo.

Gênova, Itália. Nossa inesquecível viagem pela Itália estava encerrada. Finalmente, embarcamos no navio *Argentina* para Eretz Israel.

Dois dias apenas até Alexandria, escala obrigatória. Tínhamos telegrafado para Jerusalém, indicando o nome do navio em que íamos chegar. A impressão que se tinha é de que haveria uma esquadra inglesa a cada milha, mas a travessia do Mediterrâneo foi tranqüila. Os britânicos estavam nos portos e vigiavam o espaço com radares. Só quando detectavam alguma embarcação ilegal iam em seu encalço para impedi-la de seguir viagem.

Embarcaram em nosso navio cerca de 150 guerrilheiros *ustaquis* que haviam lutado contra o marechal Tito na Iugoslávia e depois de sua ascensão ao poder vagavam pelo Adriático. Eram mercenários contratados na Europa por agentes árabes para lutar contra os judeus. Não eram muito jovens. Os exércitos regulares árabes' não haviam entrado oficialmente no conflito, e bandos de guerrilheiros, como o dos mercenários e de aldeões, atuavam sem nenhum impedimento dos britânicos. Pola, que tinha facilidade de se comunicar em qualquer língua, conversou com os *ustaquis* e soube que iam para o Líbano, onde se juntariam a Fauzi Al-Kaukadji, importante comandante da guerrilha, declaradamente nacionalista, mas fanfarrão. Quando ainda estávamos na Itália, lêramos a notícia de que ele e seus camponeses armados haviam arrasado o *kibutz* religioso Tirat Tzvi, no vale do Beit-Shaan, perto da fronteira da Jordânia. Na verdade, haviam atacado uma ou duas vezes, mas foram repelidos, tiveram muitas perdas e fugiram. Seu quartel-general era do outro lado da fronteira, mas ele entrava abertamente em Eretz Israel sem entraves burocráticos por parte dos britânicos.

Al-Kaukadji era sem dúvida um líder, mas o mais respeitado do comando militar árabe no período pré-Proclamação do Estado de Israel era Abd Al-Kader Al-Husseini, que percebeu logo que o conflito seria decidido nas comunicações e concentrou seus esforços bélicos na região de Jerusalém. Havia uma única estrada entre Tel-Aviv e Jerusalém, ladeada por aldeias árabes. Era estreita, cercada de morros, mas asfaltada. A uns 10 quilômetros de Jerusalém, encontram-se as ruínas de um castelo dos cruzados, Castel, ocupado e perdido pelas forças judaicas quatro ou cinco vezes consecutivas. O conflito podia ser decidido nesse trecho, porque quem dominava Castel domi-

UMA HISTÓRIA PARA MEUS NETOS

nava o caminho para Jerusalém. Al-Husseini comandava os árabes, a espada desembainhada. Quando caiu, morto por um tiro nosso, seus correligionários o levaram à mesquita de Jerusalém. Durante toda a noite ouviram-se gritos e choros. Sua morte abateu a moral dos árabes, que acabaram perdendo a luta em torno da estrada para Jerusalém.

Al-Husseini vinha de uma família aristocrática à qual também pertencia o Mufti, poderoso chefe religioso muçulmano de Jerusalém, que apoiava Hitler e sua política anti-semita. Por ironia do destino, o Mufti havia sido nomeado por sir Herbert Samuel, judeu e primeiro comissário britânico em Eretz Israel, que conhecia sua rebeldia e pretendeu aquietá-lo com a nomeação. Foi um grande erro. Ainda hoje, os Husseini lideram os árabes da região. Iasser Arafat se considera descendente dessa mesma família.

Alexandria. Ficamos o dia todo no navio. Quando ele partiu, ao entardecer, havia centenas de árabes no porto. Estavam se despedindo dos voluntários egípcios, universitários que pretendiam aderir ao exército de Al-Kaukadji no Líbano. Pola também lhes perguntou o que pretendiam, ao que responderam, sem rodeios, mesmo sabendo quem éramos: "Vamos lutar contra os judeus".

Muita gente acha que os conflitos entre árabes e judeus começaram depois da Proclamação do Estado de Israel. Não é verdade. A Proclamação só foi possível porque precedida por cinqüenta anos de colonização e do estabelecimento de *kibutzim*. Havia oitenta *kibutzim* e cerca de 650 mil judeus espalhados por toda a região na época. Quando da divisão da Palestina pela ONU, o Estado judaico passou a ser o território onde havia maior concentração de judeus, assim como o Estado árabe se estabeleceria onde havia densa população árabe.

A primeira *aliá*, onda migratória de judeus para Eretz Israel, ou Aliá dos Biluim, se deu no fim do século passado, quando 23 universitários russos, socialistas, que acreditavam na volta do povo judeu à terra ancestral, fundaram o movimento Bilu (iniciais do lema: "Filhos de Israel, levantemo-nos e partamos") e resolveram dar o exemplo indo trabalhar em Eretz Israel. Emigrar era elevar-se; daí a palavra *aliá*, "subida". Os jovens foram para a colônia judaica de Rishon Letzion, já existente, e mais tarde fundaram a colônia Gedera. Enquanto os rapazes arrumavam trabalho na agricultura, embora não fossem camponeses, mas porque não havia outra possibilidade de emprego, as moças cuidavam da cozinha e da roupa.

Judeus russos e poloneses, socialistas, integraram a segunda *aliá* no início deste século.(Ben Gurion foi um deles). Como nem todos conseguiam trabalho, os que tinham alguma fonte de renda passaram a sustentar os outros e logo perceberam que a única maneira de garantir a defesa e subsistência do grupo era formar uma comuna onde as condições seriam iguais para todos. Aí se estabeleceu a base ideológica dos *kibutzim* em Israel – cujo significado original é "comuna". Degania, o primeiro *kibutz*, perto do mar da Galiléia, no início do vale do rio Jordão, foi fundado em 1904 por esse grupo.

Os *biluim* foram os primeiros membros do movimento sionista moderno a se instalarem em Eretz Israel, mas muitos judeus sonhavam com isso antes deles. Durante o período de ouro dos judeus na Espanha, antes da Inquisição, conta-se que o poeta Judá Halevi dizia: "Meu corpo está no Ocidente, e meu coração no Oriente". Já era sionista à sua maneira. Na realidade, Eretz Israel nunca ficou vazia de judeus. Há uma família que vive em Pekiin, aldeia árabe da Galiléia, há 2.000 anos, e desde a Idade Média muitas famílias judaicas moram em Hebron, Safed, Tiberíades e Jerusalém.

Sexta-feira, 12 de março de 1948, 4:30h, fim de tarde. Chegada à Terra Prometida. Estávamos todos no convés, olhando o porto de Haifa. A primeira coisa que avistamos foi o morro acima do porto. Minha cabeça e meu coração eram os de um jovem sionista militante que chega a Eretz Israel. Não olhei a cor do céu ou a cor do mar. Não fiz comentários ou gritei "urras". Foi emoção pura e silenciosa.

Ainda estávamos em alto-mar. O comandante havia recebido ordem de não entrar no porto porque a alfândega havia encerrado seu expediente às 16 horas. Para não perder tempo, a companhia de nave-

UMA HISTÓRIA PARA MEUS NETOS 109

gação queria que o navio seguisse para Beirute, a poucos quilômetros, onde desembarcaria passageiros e cargas, e voltasse no dia seguinte. Mas as autoridades judaicas intervieram para que não seguíssemos viagem e acabamos passando a noite de sexta-feira ancorados diante do porto de Haifa. A intervenção não era mero capricho, mas uma medida de segurança: na semana anterior, um judeu havia sido assassinado num navio atracado em Beirute. Naquela noite, não subimos ao convés. Jantamos e nos trancamos nas cabinas.

Na manhã seguinte, 13 de março, desembarcamos. Tivemos uma grata surpresa. O homem que veio nos receber, Yosef Krelenboim, judeu russo de Haifa, um dos chefes da Haganá, era meu conhecido desde 1946, quando estivera em São Paulo para fazer uma campanha pró-Israel, como *schaliakh*, "enviado". Ex-membro da Brigada Judaica do Exército Britânico durante a Segunda Guerra Mundial, composta de 25 mil soldados mobilizados na Palestina, Krelenboim fora feito prisioneiro pelos nazistas. Era um homem fortíssimo e inteligente: de chefe de segurança do sindicato dos estivadores, foi subindo na carreira. Em 1948, era o homem de ligação entre a defesa de Israel e as autoridades britânicas. Como muitas autoridades israelenses, um ou dois anos depois da Proclamação da Independência mudou seu nome para Almogui, que significa "corais" em hebraico.

Era muito ligado a Ben Gurion e ao prefeito de Haifa, Aba Hushi, e posteriormente chegou a ser secretário-geral do Mapai, Partido Israelense dos Trabalhadores, e presidente da Organização Sionista Mundial. Anos depois, ofereceu-me sua autobiografia, um livro de quinhentas páginas. Eu, relapso, na ocasião não agradeci, e pouco depois me disseram que ele havia falecido.

Assim que desembarcamos em Haifa, soubemos que dois dias antes tinha havido uma grande explosão em Jerusalém. O chofer do consulado norte-americano era na realidade agente árabe e conseguira introduzir um carro-bomba no estacionamento do prédio onde funcionavam a Organização Sionista e o centro da Organização Sionista Mundial, matando o presidente do Keren Hayessod, Leib Iafe, e ferindo sem gravidade um dos chefes do Departamento de Política Externa, Walter Eitan, judeu inglês conhecido de meu amigo Isaac Kissin, de quem, dois ou três meses após nossa chegada, recebi um cartão no seminário, onde dizia: "Gostaria de recebê-lo. Cumprimentos a meu amigo Kissin". Tornara-se diretor-geral do Ministério das Relações Exteriores, onde criou um instituto de preparação de diplomatas.

Na alfândega, nossas malas foram revistadas com cuidado. Shulamit levava várias peças de tecido para a família, coisa que ela sabia ser proibida sob pena de pagar altas taxas. Para burlar a vigilância, costurou-as umas às outras como se fossem saias longas, sem cortá-las. A primeira coisa que as autoridades britânicas fizeram foi desenrolar os tecidos, como que dizendo: "Conhecemos esse truque". Ainda assim, permitiram que ela passasse sem pagar.

Naquele tempo, havia poucos brasileiros indo para Israel, por isso cada um de nós havia recebido uma porção de encomendas e cartas para entregar a familiares e amigos, a maioria delas em Tel-Aviv. Quando estava preparando minha viagem, ouvira dizer que, ao invés de dinheiro, era preferível levar ouro, porque seu valor era mais estável e poderia ser trocado com facilidade. Só que, naqueles idos do pós-guerra, negociar ouro era ilegal. Apesar disso, Naftali e eu resolvemos nos arriscar. Meu pai tinha um amigo ourives, Szmil Zainvel Zylberstajn, que transformou meio quilo de ouro em folhas finas de três centímetros de largura e Mamãe costurou o tesouro dentro de uma cueca. Durante um bom tempo, andei com duas cuecas: a do ouro por cima e outra por baixo, que trocava todo dia. Por sorte, consegui passar pelos controles aduaneiros sem constrangimento.

Haifa é dividida em três partes, a cidade baixa, a cidade média e a cidade alta. Krelenboim nos comunicou que estávamos indo para a cidade média e que seríamos obrigados a passar pelo bairro árabe, onde havia tiroteios. Fomos em caminhão blindado enviado pelas autoridades judaicas. Além do motorista, nos acompanhavam uma moça e dois rapazes.

Não éramos inteiramente crus. Tínhamos um passado de militância em movimentos juvenis, conhecíamos alguma coisa da história do sionismo graças a discursos, palestras, leituras. A Haganá, suas moças e rapazes que lutavam, já naqueles tempos, em igualdade

Primeira visita a Jerusalém (Ein Karen).

de condições, era certamente um de nossos temas prediletos, mas não sabíamos exatamente o que encontraríamos naquele país em conflito. Nem sei se nos demos exatamente conta da situação, quando a moça que estava ali para garantir nossa segurança abriu subitamente a blusa para tirar partes de uma submetralhadora, arma proibida em Haifa, ainda dominada pelos britânicos. Acho que o fato não chegou a causar estranheza entre nós. Assistimos àquela cena como se fosse parte de um filme já contado à exaustão. Uma coisa é certa: não tínhamos consciência do medo.

Chegamos ao hotel Carmelita Court, duas estrelas, onde ficaríamos só por uma noite, porque no dia seguinte tomaríamos o ônibus para Tel-Aviv. Deixamos os baús no terraço do hotel, no térreo. Em frente ficava o quartel-general dos pára-quedistas britânicos, os chamados "boinas vermelhas". Havia até uma canção em hebraico que os satirizava, *Calaniot*, "papoulas vermelhas". Um grupo de oficiais veio ver o que trazíamos nos baús. Como sempre, Pola chamou a atenção deles, que a convidaram para tomar um uísque. Começaram a conversar e, é claro, não procuraram muito nos baús.

Almoçamos bem no hotel. À tarde, recebemos a visita das três irmãs Cohen, cariocas que moravam em Haifa havia três anos e eram amigas de uma das moças do Rio. À noite, fomos passear. Na rua, vimos adolescentes, com lenços no rosto para não serem identificados, colando cartazes do grupo Stern, movimento de extrema direita. Diziam-se contra os britânicos e contra os dirigentes trabalhistas. Na Rua Herzl, rua central da cidade média, havia um *footing*. Eram muitas pessoas por metro quadrado, todas do mesmo lado da rua, porque os edifícios em frente as protegiam dos tiros árabes. Quando alguém queria atravessar a rua, tinha que passar correndo. Mas todo mundo passeava, inclusive mulheres com carrinhos de bebê. Nossas amigas cariocas nos levaram a um bar dançante que estava cheio de jovens soldados, com seus uniformes de brim cáqui. Era sábado, dia de folga da maioria da tropa. Podia-se ouvir os tiros, mas a música não parava. De repente, a orquestra tocou *Tico-tico no Fubá*. Acho que alguém os informou da presença de brasileiros. Numa mesa perto da nossa, um senhor que disse ser de Buenos Aires perguntou de onde éramos. Era

UMA HISTÓRIA PARA MEUS NETOS

repórter de um jornal de língua ídiche. Contamos que éramos brasileiros e tínhamos vindo para o seminário. Algum tempo depois, soube que meu pai recebeu o jornal, que estampava, com certo estardalhaço: "Com bombas explodindo, jovens do Brasil confraternizam dançando o *Tico-tico no Fubá*". O artigo foi lido na sinagoga, diante de todos, e meu pai mandou-me dizer que éramos loucos de dançar no meio da guerra. Escrevi para casa contando que tinha a impressão de estar em São Paulo, no mês de junho, ouvindo as bombas de São João. A bem da verdade, centenas de pessoas passeando, dançando e se divertindo sem dar importância às balas que cruzavam o céu bem acima de suas cabeças era realmente uma cena incrível.

Apesar do conflito, mantínhamos contato com o Brasil com certa freqüência. Escrevi cartas de até vinte páginas em ídiche, para meu pai. Notícias nossas e até boatos circulavam em São Paulo. Soubemos na volta ao Brasil que Arão Thalenberg, nosso colega, havia sido dado como morto e uma cerimônia em intenção de sua alma havia sida celebrada em Santos, onde lecionava. Quanto a mim, dizia-se que havia sido feito prisioneiro pelos jordanianos.

No dia seguinte, domingo, 14 de março, Bariach saiu sozinho, dizendo que ia visitar parentes. Quando voltou, contou que tinha visitado uma indústria de armamentos e que Israel tinha em seu poder uma arma secreta que seria utilizada a qualquer momento. Embora soubéssemos que ele tinha bons contatos, já que o pai era líder sionista, achamos que estava exagerando. Afinal, a Haganá mantinha seus projetos bem guardados. No dia seguinte, soubemos que um morteiro muito primitivo chamado Davidka havia sido usado numa escaramuça contra Jafa, mas que seu desempenho fora sofrível. Mais tarde, porém, usado novamente num ataque a Safed, cidade montanhosa e estratégica na Galiléia, o nosso Davidka foi muito bem-sucedido. O barulho do disparo foi tão tremendo que os árabes, apavorados, fugiram, largando tudo. Ocupando Safed, dominávamos toda a região.

Segunda-feira, 15. Saímos para Tel-Aviv. A viagem seria feita em duas etapas. De Haifa até Zichron Iaakov, um terço do trajeto, de ônibus blindado, e de lá a Tel-Aviv em ônibus comum, porque já dominávamos esse trecho da estrada. Devíamos estar protegidos no pri-

114   FISZEL CZERESNIA

meiro trecho, porque íamos passar por duas aldeias árabes. Era dia,
mas nada vimos da paisagem: as janelas estavam tapadas por chapas
de aço, com uma abertura por onde se podia passar o cano de uma
arma de fogo. Felizmente, não houve nenhum ataque.

Em Tel-Aviv, fomos hospedados num hotel de quarta categoria.
Tudo bem, íamos ficar só um ou dois dias. Chovia muito. Felizmente,
meu irmão e eu tínhamos comprado as nossas capas. Estávamos com
os endereços de nossos tios Naftali, Max e Psachie, irmãos de mamãe, que haviam ido de Viena para Eretz Israel em 1938, quando
Hitler anexara a Áustria. A casa mais próxima era a de tio Max, na
Rua Faierberg. Batemos. Já era noite escura. O tio, que só conhecíamos por fotografias, atendeu. Por causa da escuridão e da chuva, de-
morou a nos reconhecer. Quando se deu conta de quem éramos, não
parava de chorar.

Os tios estavam em pânico devido aos conflitos entre árabes e
judeus. Max nos contou que a lavanderia que Psachie havia montado, perto da cidade velha de Jerusalém, fora incendiada um dia após
a decisão da ONU. Eles acreditavam que Israel cometera um erro
político ao se tornar independente. "Com os britânicos nossa tran-
qüilidade estava garantida", diziam. Max nos revelou que muita gente desejava sair do país, principalmente aqueles que estavam sendo
mobilizados. Ele não se conformava com nossa presença: "Mandamos um jovem embora para fugir da guerra, já perdemos toda a família na Europa, e vocês vêm do Brasil?" Ele se referia a um filho de
tio Naftali que fugira para a Suíça, onde tinha parentes. Saíra vestido
de mulher.

Os judeus de todo o mundo eram a favor de um Estado judaico,
mas não emigraram em massa quando Israel se tornou uma realidade.
Foram os perseguidos, como os sobreviventes dos campos, e os pressionados, como as comunidades judaicas de alguns países árabes, que
lá se estabeleceram. Do Brasil, por exemplo, emigraram até hoje apenas cerca de 5 mil, principalmente os que estavam ligados a movimentos juvenis sionistas.

Tenho a impressão de que o primo não conseguiu enfrentar seus
parentes – afinal, judeus de todo o mundo desejavam um Estado in-

UMA HISTÓRIA PARA MEUS NETOS 115

dependente –, porque voltou depois de um tempo e serviu na artilharia do Exército de Israel.

Minha família de Israel era mesmo direitista. Em casa, tio Naftali tinha um cachorro branco chamado Ben Gurion... Miky, filho de Max, um moleque de uns seis anos, pertencia a um movimento juvenil de direita. Quando voltamos para o Brasil, em 49, ainda pretendendo nos provocar, ele nos presenteou com o livro de Begin, *Hamered – a Revolta,* com dedicatória do autor. Miky tornou-se um adulto patriota, chegou a ser coronel do corpo de tanquistas, perdeu uma vista e a ponta do pé em combate, mas continua fiel à sua posição ideológica. Dirige uma instituição que promove o esporte entre inválidos de guerra e, profissionalmente, uma cultura de rosas, a coisa mais linda que já vi. Apesar de nossas diferenças, visitá-lo é um dos meus prazeres quando vou lá.

Bem, de qualquer maneira, nos demos bem com nosso tio e no dia seguinte lhe pedi ajuda para trocar parte de nosso ouro. A cotação do dólar no câmbio negro era cinco vezes a oficial.

– Temos muitos pacotes para entregar. Vamos adiar por um dia nossa ida a Jerusalém – disse ao nosso *madrikh.*

– Não será possível. Já reservei seus lugares – respondeu ele.

À tarde, fomos, meu irmão e eu, entregar uma encomenda. Quando voltamos, soubemos que haviam atendido a meu pedido e adiado nossa ida para Jerusalém, mas as bagagens seguiriam naquele mesmo dia. Só se viajava em enormes comboios, e era nessas condições que as malas seriam levadas. Dia e noite, um atrás do outro, os comboios partiam de um terreno baldio atrás do Teatro Habima, hoje um dos lugares mais povoados de Tel-Aviv. Cinqüenta, cem ônibus e caminhões de cada vez, e a cada cinco, um blindado e armado. Levavam comida.

Nossa bagagem estava no último comboio que passou antes da estrada ser interrompida pelos árabes, fechada com grandes pedras, e de Jerusalém ser cercada. O comboio foi interceptado e incendiado. Atiraram dos dois lados da estrada e houve grande número de mortos e feridos. Até hoje, esqueletos dos caminhões incendiados estão lá por aquela estrada em memória dos que tombaram.

Recuperamos o que havia sobrado da bagagem cerca de três meses depois desse episódio, quando os israelenses abriram uma passagem para Jerusalém. Era uma solução semelhante à adotada na guerra da Birmânia, no Extremo Oriente, quando os americanos construíram uma estrada para desviar o tráfego. Enquanto não foi aberto o "*derech Burma*", "caminho da Birmânia", houve racionamento de comida e de água em Jerusalém, que estava completamente isolada. Não podíamos ir para lá, ficaríamos em Tel-Aviv.

Cada um de nós comprou duas calças curtas de brim cáqui e duas camisas. Ficamos ainda alguns dias no hotel, enquanto os organizadores nos preparavam um novo local para o curso. Durante a espera, passeamos pela cidade, conduzidos por um guia da Histadrut, federação dos sindicatos de trabalhadores, que havia sido colocado à nossa disposição.

Nosso curso especial foi transferido. Fomos para um pequeno campus onde funcionava um seminário de professores da Histadrut, a 15 minutos de Tel-Aviv, perto de Petach Tikvah. Havia bastante lugar para nos acomodar, porque os rapazes estavam mobilizados. Instalamo-nos alegremente em quartos limpos para duas pessoas. Além de nós, cerca de sessenta moças freqüentavam os vários cursos simultâneos, todos ministrados por professoras. Tínhamos aula o dia inteiro, com intervalo para o almoço e uma soneca depois.

Vivíamos numa espécie de redoma, não participávamos do dia-a-dia de um habitante de Israel. Em certo momento, a consciência política falou mais alto e discutimos entre nós a possibilidade de deixar de lado a temporada de quase lazer e nos apresentarmos como voluntários na guerra. David Sztulman dizia que devíamos participar, eu era contra essa idéia. Na realidade, não precisavam de nós, precisavam de gente que soubesse lutar. Havia cerca de 10 mil voluntários, judeus da Austrália, do Canadá, dos Estados Unidos, da Inglaterra, ex-combatentes da Segunda Guerra, que estavam prestando sua ajuda. No nosso caso, ainda que quiséssemos, acho que a Organização Sionista não teria permitido o alistamento. Nenhum de

UMA HISTÓRIA PARA MEUS NETOS

nós sabia segurar um fuzil e, além do mais, tínhamos um monitor, Elisha Linder, membro da Palmach, que fora especialmente licenciado das fileiras militares para nos dirigir. Portanto, do ponto de vista da Organização Sionista, o curso parecia mais importante que nossa participação na luta armada.

Eu avançava no hebraico. Aprendíamos gramática, literatura, história do sionismo, canções hebraicas e decoração. Era um curso completo e tivemos ótimos mestres. Lembro bem de Dov Malkin, conferencista convidado, e de suas aulas de sociologia judaica dos séculos XIX e XX na Europa. Devo a ele os fundamentos de meus conhecimentos sobre o tema.

Haia Kaufman nos dava aulas de literatura e língua hebraica. Não soubemos que era uma poetisa, simplesmente foi nossa professora, uma pessoa sempre triste que morava num sótão em Jerusalém. Guerson Knispel, hoje famoso artista plástico, então com dezesseis anos e membro da Haganá, era seu guarda-costas.

Não fui bom aluno de gramática, mas aprendi a técnica da formação das palavras a partir de uma raiz. Quando saí do Brasil, tinha apenas uma base de hebraico, aprendera alguma coisa na escola, quando menino, mas tal era minha ansiedade de acompanhar o desenrolar do conflito que comprava diariamente dois jornais: o *Davar*, em hebraico, e o *Iediot Hadaschot*, em alemão, porque quem sabe ídiche consegue ler alemão. Como, na maioria das vezes, as notícias eram coincidentes, criei um mecanismo de comparação tão eficiente que, em pouco tempo, conseguia entender. Meses mais tarde, já na véspera da viagem de volta, discursei como orador da turma numa festa de despedida que organizamos. Em hebraico fluente. Fiz questão de lembrar a todos que, ainda que o curso não tivesse nos ensinado mais nada, só o aprendizado da nova língua já teria valido a viagem.

Após a destruição do Segundo Templo e da dispersão, os judeus acresceram à língua das regiões onde passaram a viver termos e expressões hebraicas, o que resultou no ladino, na Península Ibérica e países mediterrâneos, e no ídiche, que se baseava em um dialeto alemão, na Europa Oriental. O hebraico ficara reservado aos textos sagrados.

À caça da arca perdida... Naftali e eu, no inverno da Galiléia, 1948.

UMA HISTÓRIA PARA MEUS NETOS

A língua hebraica moderna nasceu e se desenvolveu com o movimento sionista. A implantação do idioma na vida cotidiana deveu-se ao trabalho de conscientização de um professor, Eliezer Ben-Yehuda, ainda no final do século passado. Foram criadas novas designações para o que não existia na época em que os textos bíblicos haviam sido escritos, como *haschmal*, por exemplo, palavra que significa "eletricidade". A língua moderna conta atualmente com mais de 100 mil verbetes, quando o hebraico antigo não tinha mais de 8 mil termos. O fato é que, em Israel, judeus provenientes de meia centena de países conseguiram se comunicar num período relativamente curto.

No seminário, comíamos bastante bem, considerando que vivíamos a *tzena*, o racionamento. O povo recebia cupons para a compra de alimentos equivalentes a 6 libras por mês – um bom dinheiro, pois o salário mínimo era de 20 libras –, mas tinha que escolher entre quatro ovos ou meia galinha. Já nós, estudantes estrangeiros, podíamos comer dois ovos por semana. De manhã, pão com geléia de frutas, *halvá*, doce árabe de gergelim, chá ou café com adoçante, pois não havia açúcar. À noite, um café que era na verdade um chá de chicória. Na única refeição quente do dia não havia carne nem galinha, mas muito *bacala*, bacalhau norueguês.

Na véspera de Pessach, 14 de *nisan*, nosso *madrikh* organizou uma viagem a Emek Jezreel. Íamos participar da cerimônia do *Seder* no *kibutz* Gvat. É a festa mais importante do ano, porque simboliza a criação da nação judaica a partir da saída dos judeus do Egito, e é comemorada também pelos *kibutzim* não-religiosos.

De Tel-Aviv até lá, um trajeto de 80 quilômetros liberados para o tráfego, pudemos ir de ônibus comum. Naqueles tempos, viajar não era simples, porque era preciso requerer o direito de comprar a passagem, mas acho que tínhamos privilégios e muita proteção das autoridades. Na estrada, vimos tanques britânicos se retirando dos acampamentos. Ao chegar, soubemos que a cerimônia estava cancelada porque um membro do *kibutz* havia morrido na véspera, durante um conflito com os árabes. Fomos então para outro *kibutz*, Alonim, a meia hora de viagem, perto da fronteira com o Líbano.

O ambiente estava muito tenso. Todos os membros estavam reunidos em torno de várias mesas postas, num refeitório só. É difícil dizer com precisão quantos havia ali naquela noite de confraternização, mas calculo que eram aproximadamente trezentos. Soube que lá fora, nas trincheiras, dezenas de membros armados faziam a ronda. Percebemos que nos *kibutzim*, base de defesa do país, vivia-se intensamente a guerra, uma situação muito diferente da de Tel-Aviv, onde a vida seguia praticamente seu curso normal, com o comércio e a indústria funcionando mesmo nos dias de conflitos mais graves.

No *Seder* de 1948, os membros de Alonim recordaram a luta de seus ancestrais, mas também falaram da luta pela terra e do sionismo do pós-guerra. Não houve reza naquela noite, nenhum ritual. Os símbolos tradicionais não foram usados pelos *chaverim*. Foi uma festa de judeus nacionalistas e socialistas, ateus em sua maioria, que não admitiam textos redigidos por rabinos há mais de mil anos. Escreveram uma Agadá de *Pessach* própria, que expressava melhor as circunstâncias em que estavam vivendo. Quando a cerimônia terminou, voltamos a Gvat.

Na volta, nosso *madrikh* nos levou para Haifa, principal porto, refinaria, base industrial do país, cuja parte árabe acabava de ser conquistada pela Haganá. Foi uma de suas maiores vitórias. Dezenas de milhares de árabes haviam pedido trégua e fugido em direção às fronteiras. Dançamos no monte Carmel, na rua. No dia seguinte, após algumas visitas a *kibutzim* das redondezas, retornamos a Tel-Aviv.

Decisão da ONU...

Por decisão da ONU, os mandatários ingleses deixariam o território de Israel a 15 de maio de 1948. Só que era um sábado, *schabat*. A Proclamação da Independência foi então antecipada para a sexta 14, às 4 horas da tarde.

Por razões de segurança, não se sabia onde se desenrolaria a cerimônia, nem mesmo os convidados oficiais, que haviam recebido uma estranha participação: "Você está convidado para a cerimônia de Proclamação da Independência do Estado de Israel a 14 de maio. O local será comunicado com duas horas de antecedência".

Nosso *madrikh* dizia ignorar onde seria a solenidade, mas acredito que desconfiava seriamente, porque nos convidou para uma ida a Tel-Aviv, sexta-feira ao meio-dia. Dentre os episódios marcantes da minha vida, acredito que ter participado da Proclamação da Independência, ainda que apenas como espectador, foi certamente um dos mais significativos.

Descemos do ônibus e fomos caminhando pela cidade sem falar muito. Éramos um grupo de dezessete pessoas e chamávamos a atenção naquela tarde, pois circulara uma ordem oficial que proibia agrupamentos de mais de cinco pessoas. Andamos pela *sderot* Rothschild, alameda larga com um jardim no meio. No final, o Teatro Habima. Quando estávamos próximos do teatro, ouvimos toques da *Hatikvá*, o hino, vindos de um longínquo rádio, e entendemos que a cerimônia devia estar começando. Bem à nossa frente, uma placa afixada numa residência indicava que ali era a clínica de um médico. Não tivemos dúvidas: pedimos licença e entramos para ouvir a proclamação, na voz de Ben Gurion. Quando ele terminou, o rabino Yehuda Leib Hacohen Fishman (que mudou seu sobrenome para Maimon), disse o *Shehekhianu*, como se faz ao se comer as primícias e nas inaugurações, e um locutor anunciou: "Acabamos de irradiar a cerimônia da Proclamação da Independência de Israel no Museu de Tel-Aviv". O museu ficava do outro lado da alameda, a cerca de 600 metros. Saímos correndo para lá e já na porta encontramos uma aglomeração. Subimos uma escadaria, de onde pudemos ver a saída dos grandes líderes, entre eles Ben Gurion. Fiquei a um passo dele quando passou. Queria fotografá-lo. Consegui. Ao fundo, a bandeira de Israel, e a seu lado meu irmão Naftali, batendo palmas. Ben Gurion entrou numa limusine, seguida por um jipe onde ia seu filho Amos, chefe da polícia, metralhadora em punho. O carro ainda estava parado quando um judeu se aproximou e lhe disse em ídiche: "*Duvidl, Duvidl, halt zich fest!*", "Davizinho, Davizinho, mantenha-se firme!" Os outros líderes saíram a pé.

Dias antes da Proclamação, havíamos conseguido um encontro secreto com representantes do grupo Stern, movimento de extrema direita, por intermédio de David Sztulman, que mantinha relações com eles desde a Polônia. Como tinham necessidade de divulgar suas idéias, dispuseram-se a receber alguns de nós, só aqueles em quem Sztulman confiava. Combinaram que um homem nos esperaria em frente ao Cine Mugrabi. Deveríamos então nos aproximar dele e segui-lo. Tudo acertado, fomos levados por nosso guia a um prédio de quatro andares onde, chegando ao sótão, ele bateu duas vezes na porta e foi embora. Um rapaz abriu. Estávamos em um minúsculo e pobre aposento de 2 metros por 3, em que havia apenas uma cama, uma

À porta do Museu de Tel-Aviv, Naftali aplaude a saída de Ben Gurion, após a cerimônia da Proclamação da Independência.

Primeiro Presidente do Estado de Israel, Chaim Weizman encaminhando-se para a posse.

UMA HISTÓRIA PARA MEUS NETOS

mesinha e um rádio. Sem nada nos perguntar, ele disse: "Sentem-se e aguardem. Uma pessoa virá conversar com vocês". Dali a pouco entrou uma linda jovem morena. Não soubemos quem era, ela não se apresentou, mas começou imediatamente a explicar, em espanhol ou ladino, a plataforma política de seu grupo. Tentamos discutir – pois éramos contrários à posição que ela defendia –, mas ela contra-argumentava com certa desenvoltura e, percebia-se, bastante treinamento. Alegava que Ben Gurion jamais proclamaria o Estado de Israel porque estava vendido aos ingleses. Por isso, o Stern estava na oposição.

Logo depois da cerimônia da Proclamação, soubemos que o texto iria sair no diário oficial. Fomos em direção à redação do jornal para adquirir a histórica edição com a manchete que todos esperavam: o primeiro decreto do governo liberava a imigração de judeus e dava por cancelado o Livro Branco britânico.

Por uma incrível coincidência, no caminho, meu irmão e eu indo reencontramos a moça morena do Stern. Não sabíamos o que fazer; afinal, nosso encontro havia sido secreto. Acabamos parando. Ela nos reconheceu, sorriu de leve.

– O Estado foi proclamado – eu disse, sem nem mesmo cumprimentá-la, deixando bem claro o subtexto: "E agora?"

Ela não pareceu nem um pouco abalada e respondeu friamente:

– Agora, está tudo bem.

Pouco depois, soube que a maior parte dos integrantes do grupo havia se dispersado.

Na esquina da Rothschild com a Allenby, encontrei também um velho judeu iemenita, de barba branca, que caminhava para a sinagoga com seu *talit* e segurando um buquê de flores. O clima de festa era tão grande! Fotografei-o. Acho que ele era o somatório de tudo que os judeus tentavam expressar. Hoje, quando lembro, choro, mas naquele dia não chorei. Naquele dia, eu estava vivendo a emoção, como em estado de choque.

Voltamos alegres para nosso seminário, pensando em fazer uma grande festa, porém más notícias nos esperavam: o rádio acabara de anunciar que a Legião Árabe havia cercado e dominado Gush Etzion, um agrupamento de três *kibutzim* ao sul de Jerusalém. A Legião era o exército regular do rei da Jordânia, organizado e comandado pelo general Glub Pacha, um oficial inglês a quem tinham dado um codinome árabe. Era o exército mais bem-preparado do Oriente Médio. Nossa Palmach, aliás, também era uma unidade treinada por um inglês, o general Orde Charles Wingate, uma figura que entrou para a história do povo judeu. Houve muitas baixas, entre elas o primo e o irmão de uma de nossas colegas. Nunca esqueci do rosto dessa moça. Não houve nenhuma comemoração, é claro.

Sábado cedo, começamos a abrir trincheiras para nossa defesa. A turma foi dividida: alguns com pás e picaretas iam cavar, outros aprender a atirar granadas e a manejar um fuzil. Como éramos dezesseis, não precisávamos cavar uma grande extensão, 30 metros bastavam, com 1,20 de profundidade, em ziguezague. Assim, se uma bomba caísse, não atingiria toda a trincheira. É claro que era um esquema precário, que não garantia senão uma relativa segurança. Hoje, existem abrigos antiaéreos cobertos com um metro de concreto.

Eram umas 10 horas da manhã, terminávamos a trincheira, quando ouvimos bombas sobre a Estação Reading, central de energia elétrica ao norte de Tel-Aviv. Estávamos relativamente perto. Dali a pouco, bem acima de nossas cabeças, dois bombardeiros da Força Aérea Egípcia faziam uma curva para retornar ao sul, em direção ao Egito. Arrisquei uma brincadeira para aliviar a tensão. Disse ao meu chefe, Elisha: "Imagine se um dos nossos aparecesse e os derrubasse! Se acontecer, pago a cerveja". Em seguida, vimos um clarão, uma espécie de relâmpago, e os dois aviões começaram a cair. Haviam sido abatidos por um Spitfire nosso, avião inglês da Segunda Guerra, único que tínhamos, e que não chegamos a ver naquela manhã. Diziam que quem o pilotava era Eizer Weizman, então comandante da Força Aérea e atual presidente de Israel. Ele sempre desmentiu.

Em 1948, a aviação de Israel se resumia a duas ou três outras aeronaves de combate e alguns monomotores com asas de lona e lugar para duas pessoas, que chamavam de *primús*, "espiriteiras" – enquanto um pilotava, o outro atirava granadas e pequenas bombas com a mão.

Os dias que se seguiram à Proclamação do Estado foram de luta. Tel-Aviv sofreu outro ataque aéreo dos egípcios, que souberam

Cavando trincheiras, em 15 de maio de 1948.

Flagrante de iemenita festejando a Proclamação, a caminho da Sinagoga.

UMA HISTÓRIA PARA MEUS NETOS

onde mirar. O alvo era duplo: a rodoviária e uma estação elétrica de pequeno porte, ali perto, exatamente onde tomávamos o ônibus de Tel-Aviv para o seminário. Houve três ou quatro mortos e alguns feridos. Eram civis, mas, segundo a lógica da guerra, atingir objetivos civis ou militares do inimigo significa enfraquecê-lo, e é isso que importa. É claro que existem convenções internacionais que não permitem ataques às populações civis, mas nesse caso os egípcios podiam até ter alegado que visar uma rodoviária é tentar atingir o potencial econômico do país.

Em junho, fui conhecer Jerusalém, viajando pelo "caminho de Burma". A cidade estava dividida: A parte velha, com o Muro das Lamentações, estava ocupada pela Jordânia. Minha primeira impressão foi de tristeza. Havia casas que datavam do fim do século passado e ruas estreitas. Na rua principal, havia um muro de concreto com pequenas aberturas, pelas quais se divisavam os muros da cidade velha. Espiava curioso, tentando entrever a Torre de David, e até coloquei a objetiva de minha máquina fotográfica numa fresta, na esperança de guardar alguma coisa daquela visita, mas não consegui captar nenhuma imagem.

Os ultra-religiosos do movimento Neturei Carta, os guardiães dos muros das cidades, que falavam apenas o ídiche, não reconheciam o Estado, acreditando (como até hoje) que sua proclamação era um ultraje. Para eles, um Estado judaico só poderia existir com a vinda do Messias, e tentar criá-lo era o pior pecado que os laicos podiam cometer. Indignados com os veículos que acabavam de romperam o cerco em pleno feriado religioso de *Schavuot*, deitaram-se no chão, no meio da rua, tentando impedir sua passagem.

Em Jerusalém, conheci uma parente de minha prima Mania, moça muito bonita, ativista de direita. Fomos passear. Ela vestia uma roupa sem mangas, o que me permitia sentir o contato com sua pele quando a segurava pelo braço. Voltávamos para sua casa, numa rua ao lado do bairro Mea Schearim, dos Neturei Carta. Era sexta-feira à tarde. Um judeu que tinha acabado de sair da casa do *mikvé*, pois seus cabelos vermelhos ainda pingavam, cuspiu no chão ao cruzar conosco, dizendo em ídiche: "Vergonha sobre vocês". Fiquei espantado com

130 FISZEL CZERESNIA

sua reação destemida, pois não deveria pesar mais de 40 quilos e não se impressionou com meu traje militar.

Em 28 de maio, o governo provisório sob a chefia de Ben Gurion, publicou um decreto, o de número "4", como ficou conhecido, criando oficialmente o Exército de Defesa de Israel, Tzvá Haganá Leisrael (Tzahal). Assim, fundia as diversas forças armadas do país num único corpo, submetido exclusivamente ao governo provisório. Até então, havia a Haganá, o exército clandestino durante o mandato britânico, e a Palmach, as forças de comando ligadas à Haganá. Um dos parágrafos desse decreto acrescentava que qualquer força armada, com exceção do recém-criado exército, seria proibida. Mas surgia um problema. Como contornar a existência do grupo direitista Irgun Tzvai Leumi (Etzel), sob a chefia de Menahem Begin, que era autônomo? Depois de várias reuniões entre os comandos, a 1º de junho os dirigentes do Etzel assinaram um documento pelo qual se comprometiam a fazer com que seus membros jurassem fidelidade ao Exército de Israel; as armas e os equipamentos militares seriam transferidos para o Tzahal; por sua livre e espontânea decisão, o Etzel e seu comando deixariam de existir como unidade militar independente no território sob jurisdição do Estado de Israel.

Em 28 de junho de 1948, houve o juramento de fidelidade do exército ao Estado em todos os acampamentos do país. Nosso grupo conseguiu uma licença e fomos de ônibus para o acampamento deTzrifin, hoje Tel Hashomer, perto de Tel-Aviv, para acompanhar a solenidade.

Poucos dias antes, o governo provisório enfrentara um grave episódio, que ficou conhecido como o caso *Altalena*.

Nesse período, na Europa, o Heirut arregimentava voluntários do Movimento Juvenil dos Revisionistas, o Beitar, nacionalista de direita, para lutar no Oriente Médio. Muitos saíram do Brasil, do Uruguai e dos Estados Unidos para a França, de onde partiram para Israel num navio lotado de armamentos e munições. A embarcação, que recebeu o nome de *Altalena,* pseudônimo literário de Jabotinsky, criador do Movimento Revisionista, saiu do sul da França.

Golda Meir presidindo as comemorações de 1º de maio de 1949.

Primeiro Juramento a Bandeira de Israel, pelo Tzahal (Exército de Defesa).

Ao tomar conhecimento desse fato, o governo exigiu que o Etzel entregasse o navio às forças governamentais, o que foi recusado por seus dirigentes. Alegavam que a carga se destinava às suas forças em Jerusalém, declarada internacional pela ONU e portanto não sujeita à soberania israelense, o que os desobrigava de cumprir a parte essencial do acordo de 1º de junho. O *Altalena* se aproximava das costas de Israel, e as discussões ainda prosseguiam.

Desde 11 de junho, por imposição da ONU, vigorava a primeira *hafugá*, cessar-fogo de trinta dias que proibia qualquer movimentação de tropas e armamentos. Mas, em 20 de junho, em plena vigência da medida, o Heirut, em flagrante desobediência às ordens do governo, iniciou o desembarque de homens e armamentos ao largo de Kfar Vitkin, sob a proteção de dois batalhões do Etzel que haviam abandonado suas posições no sul do país. Considerando que nenhum Estado soberano poderia permitir que grupos paralelos introduzissem armamentos sem sua autorização, o governo resolveu apoderar-se dos armamentos desembarcados. Houve um confronto armado, que durou cerca de 48 horas, no qual morreram vários soldados de ambos os lados. O navio, ainda lotado, conseguiu afastar-se da costa, dirigindo-se a Tel-Aviv. O governo, por maioria de votos, resolveu usar a força para evitar o desembarque do *Altalena*. Um batalhão da Palmach posicionou-se numa elevação em frente à praia e, como advertência, disparou um tiro de canhão que caiu a 500 metros do navio. Em seguida, como não houvesse resposta, um segundo tiro foi disparado e atingiu o alvo. O *Altalena* estava em chamas. Temendo a explosão das munições, os ocupantes do navio pularam ao mar, enquanto o fogo devorava a embarcação com suas munições e armamentos.

Naquela tarde de 23 de junho de 1948, eu estava na casa de meu tio Naftali, subi ao terraço e vi o navio pegando fogo. O grupo de Begin saiu pela cidade convocando o povo a ir à praia. "Estamos sendo atacados", gritavam nos alto-falantes. "Juntem-se aos irmãos que vieram de fora."

Durante a trégua, grandes embarques de armamentos da Tchecoslováquia chegaram para reforçar o Tzahal. Os comunistas apoiavam Israel – a União Soviética votara a favor da criação do Es-

UMA HISTÓRIA PARA MEUS NETOS

tado porque via nisso uma forma de expulsar os britânicos do Oriente Médio. Samuel Mikunis, secretário-geral do Partido Comunista de Israel, foi um dos que negociou a compra.

Cada grande ofensiva tinha um nome. Desde abril, havia sido iniciada uma grande operação chamada Nachshon, para liberar Jerusalém do cerco. Nachshon fora o primeiro a pular no mar quando os judeus saíram do Egito, e a partir de seu nome nasceu um adjetivo, *nachshonit*, "aquele que vai na frente".

Terminado o cessar-fogo, a 9 de julho, nossa sorte mudou. A trégua havia nos permitido reorganizar e reforçar nossos exércitos. Durante dez dias de luta, até um segundo cessar-fogo, o Exército de Defesa de Israel alcançou importantes vitórias. Um batalhão comandado por Moshe Dayan conseguiu ocupar as cidades de Ramla e Lod, alargando dessa forma o corredor para Jerusalém e eliminando a ameaça que pairava sobre Tel-Aviv. Numa ação relâmpago, que durou de 28 a 31 de outubro, nossas forças lideradas pelo general Carmel libertaram toda a Galiléia. O general Igal Alon, em duas ofensivas no sul, derrotou os invasores egípcios e em 10 de março de 1949 libertou Eilat. Foi a última batalha da "Guerra da Independência". Os exércitos de cinco países árabes haviam sido derrotados nesta guerra que consolidou a renovação da soberania judaica em Israel após 2 mil anos de dispersão. O "milagre" do nosso renascimento nacional foi alcançado graças ao sacrifício de mais de 6 mil jovens que então constituíam um por cento da população judaica de Israel.

Eles foram a "bandeja de prata" na qual foi oferecida a Pátria ao povo judeu. Creio que o poeta Natan Alterman expressou adequadamente os sentimentos e emoções de nós todos com o seu poema:

A Bandeja de Prata

"Não se oferece um Estado a um povo numa bandeja de prata."

CHAIM WEIZMAN

A terra está tranqüila. O olho rubro do céu
suavemente se apaga
sobre as fronteiras fumegantes.

134
FISZEL CZERESNIA

De coração transpassado, mas ainda respirando,
uma Nação aguarda o milagre:
incomparável, o único.

Eis que para a solenidade ela se apronta:
levantou-se ainda com lua, ergueu-se antes da aurora,
envolta em festa e assombro.
É então que surgem na sua frente
uma jovem e um rapaz,
que vêm lentamente ao seu encontro.

Com a roupa dos dias de semana,
e petrechos de guerra,
e pesado calçado,
vão subindo o caminho,
silenciosos.

Não mudaram de roupa nem apagaram na água
os traços de um dia de penoso trabalho
e de uma noite na linha de fogo

Infinitamente exaustos, e abdicando de repouso,
cintilantes do orvalho da mocidade hebréia,
calados, os dois se aproximam,
e detêm-se, completamente imóveis:
não há nenhum sinal de estarem vivos ou fuzilados.

E quando a Nação, inundada em lágrimas, assombrada,
pergunta: " Quem sois vós?", os dois, serenamente
respondem: "Nós somos a bandeja de prata
em que te foi ofertado o Estado Judeu".

Assim dizem. E caem diante dela, envoltos em sombra.
E o resto será contado nos códices de Israel.

Tradução de CECÍLIA MEIRELES.
Quatro Mil Anos de Poesia, Editora Perspectiva.

Naqueles anos, ao sair do Brasil, eu era sionista, não tinha maior
definição política, e o que me importava era que o Estado de Israel
fosse criado. Aceitava a divisão de Eretz Israel e Jerusalém internacional porque achava que não havia outro remédio, embora isso no fundo não me agradasse.

Após a conclusão do nosso curso, fomos passar uma temporada
num *kibutz*. Meu *madrikh* acabou me encaminhando ao *kibutz* Naan,

UMA HISTÓRIA PARA MEUS NETOS   *135*

ligado a seu grupo, o Achdut Avodah, dissidente do Mapai. Era um dos maiores do país, famoso porque entre seus membros estava o comandante-chefe da Haganah, Israel Galili, e situava-se a 40 minutos de ônibus de Tel-Aviv, entre Ramla e Lod.

Os quatro ou cinco meses que passei em Naan foram duros. Trabalhava oito horas por dia. Folga, só aos sábados, quando não havia plantão. Para ser *madrikh* do movimento halutziano, em São Paulo, deveria ter experiência em diversos *anafim*, literalmente "ramos". Posso dizer que meu treinamento foi dos mais completos.

Trabalhei na cozinha. Era auxiliar da chefe – a mulher de Israel Galili –, e minha principal tarefa era lavar panelões de cem litros. Tínhamos a responsabilidade diária de três refeições para uma coletividade de cerca de quinhentas pessoas. A comida era boa e farta.

Também fui pedreiro: ajudante do azulejista, David Zahavi, que, além de exímio colocador de ladrilhos, era um compositor famoso e autor do hino da Palmach. Passei um período demolindo Naane, uma aldeia árabe abandonada, onde ainda havia casas cujo material de construção podia ser reaproveitado. Em seguida, cuidei da caldeira que fornecia vapor para a cozinha e a lavanderia durante a noite. Ficava sentado a maior parte do tempo, lendo. De hora em hora, levantava para verificar os comandos. Foi um período fácil. Depois, como auxiliar de tratorista, fui encarregado de transportar todo trigo colhido e não debulhado que estava no pátio. Minha experiência com produtos agrícolas não parou aí. Também trabalhei no acondicionamento de laranjas para exportação. Minha obrigação era retirar caixotes cheios da esteira rolante e depois empilhá-los ao lado. Cada um deles pesava sessenta quilos ou mais. Meus chefes logo perceberam que eu não estava agüentando e, para minha sorte, fui transferido.

As frutas eram escolhidas com cuidado, e as sobras, ótimas mas um pouco machucadas, deixadas em frente ao refeitório para quem quisesse se servir. Eu, que cheguei a pensar que fartura era sinônimo de laranja, nunca me saciava. Chupava até três dúzias num só dia. Era uma verdadeira realização.

O período mais emocionante talvez tenha sido aquele em que trabalhei como segurança da única mulher tratorista de Israel, uma judia russa de 1,60m de altura e pouco mais de quarenta quilos de músculos e nervos. Quando ela era escalada para trabalhar à noite, eu ficava no campo, no chão, com um fuzil. Se tivesse que enfrentar algum intruso para protegê-la, ai de nós: eu mal sabia atirar.

Naqueles tempos, havia um déficit de moradias de alvenaria em Naan. Mas a maioria já tinha casa com banheiro, uma por família. Eram entregues de acordo com um critério básico: o de antigüidade no *kibutz*. Não havia privilégios. Eu morava com José Stern, meu companheiro do Chile, num barracão de lona – as habitações de padrão mais baixo –, mas o nosso não era o mais rudimentar. Tinha um piso cimentado, ou seja, a água da chuva não ficava acumulada. Em alguns, o piso era simplesmente de terra batida. O banheiro coletivo ficava fora.

Na barraca vizinha, morava uma judia de origem alemã, divorciada, que devia estar no país há muitos anos. Trabalhava na oficina de costura. Era magra, nenhuma beleza, e devia estar com seus 35 anos. Tinha uma filha de oito ou nove anos, que, como todas as crianças do *kibutz*, morava separado. Uma noite, quando assistíamos a um filme, nos sentimos atraídos um pelo outro. Tivemos um relacionamento íntimo e eu praticamente me mudei para a barraca dela. Só o chileno sabia que eu não dormia mais na minha cama, mas não creio que alguém se importaria se fosse informado. Afinal, o *kibutz* não era um convento.

Em 1952, quando voltei a Israel, pensei em visitar Naan, e só não o fiz por um motivo: não conseguia lembrar o nome da minha companheira. Alguma coisa aconteceu, não sei bem o quê, mas até hoje não sei como ela se chamava.

Ministros ou chefes militares membros do *kibutz* que estavam fora voltavam para passar as sextas-feiras e os sábados em Naan. Mas não ficavam de folga, geralmente eram escalados para trabalhar como garçons no refeitório e serviam quem estivesse lá, sem distinção. Quantas vezes não vi autoridades servindo faxineiros! Isso era bonito.

Uma vez por ano, havia reuniões dos conselhos deliberativos do movimento kibutziano que duravam dois ou três dias. Assim, em

UMA HISTÓRIA PARA MEUS NETOS 137

Naan, cheguei a assistir palestras dadas pelas melhores cabeças do país. Galili, por exemplo, que falou horas sobre todas as frentes militares, a força do inimigo, a nossa força, e que ouvi atentamente pela primeira vez, embora cruzasse com ele de quando em quando no refeitório. Nunca lhe dirigi a palavra. Eu, o menino pobre de Stopnica, puxar conversa com uma figura legendária? Não me atreveria. Para falar a verdade, nutri uma espécie de temor referencial por essas pessoas durante anos de minha vida. Só superei esse sentimento muito depois, quando passei a receber autoridades quase diariamente por causa do meu trabalho profissional. Percebi, aos poucos, que as grandes estrelas não eram nada mais do que gente e, por sorte, não tive grandes decepções.

Assisti a uma palestra detalhada do ministro da Agricultura sobre as reservas de minerais do mar Morto, em que mencionou substâncias como o urânio tirado do fosfato. Eram segredos de Estado, e fui um dos primeiros a ouvir falar disso. Na verdade, até hoje não produziram urânio. Não deu certo.

Não esqueço um dos que criaram o conceito do *kibutz*, o velho Tabenkin. Quando membros dos *kibutzim* começaram a ter chaleiras elétricas, *kumkum*, para preparar chá nos quartos – nos refeitórios coletivos sempre havia água quente e chá à disposição de todos –, ele disse: "O *kumkum* pode acabar com o *kibutz*". Tabenkin acreditava que esses pequenos confortos individuais levariam os membros ao isolamento, o começo do fim de um organismo coletivo na sua essência. Sua avaliação nunca me saiu da cabeça.

Fui a todos os congressos do Movimento Trabalhista. Estive em Haifa, onde assisti a uma palestra de Moshe Sharett, ministro das Relações Exteriores. Ele falava um hebraico lindo e, para minha grande satisfação, percebi de repente que estava entendendo tudo. Ouvi Ben Gurion numa conferência em Tel-Aviv. As reuniões começavam sexta à noite com uma abertura solene e transcorriam durante todo o sábado. Naftali e eu, disciplinados, fomos os primeiros a chegar, às 9:30h um sábado, e já o encontramos ali, calmamente sentado, com o queixo apoiado nas mãos, numa posição muito sua. Não falamos com ele – não tivemos coragem.

138   *FISZEL CZERESNIA*

Em Naan, havia um responsável pela distribuição de tarefas. Todas as noites, na hora do jantar, o trabalho do dia seguinte estava cuidadosamente discriminado num quadro-negro do refeitório. Certa noite, vi que estava escalado para fazer segurança em Kaukaba, perto de Latrum, uma aldeia árabe conquistada pela Haganá. Para mim, era um desafio. Naquele tempo, em Israel, as forças militares haviam sido divididas. O exército atacava e o "exército de posição", chamado Cheil Matzav, uma espécie de retaguarda, mantinha as posições conquistadas. Cada *kibutz* mobilizava alguns de seus quadros para esse esquadrão. É claro que não iam dispensar o chefe do estábulo ou o chefe da marcenaria, fundamentais para o *kibutz*, e destacaram dois recrutas que não fariam falta: eu, o lavador de panelas, e um recém-chegado da Europa, sobrevivente do holocausto, que nem membro era, mas apenas candidato a membro de Naan. Nem eu nem ele tínhamos preparo militar, só sabíamos usar o fuzil e jogar granadas.

O oficial perguntou se eu sabia usar armas. "Sim", respondi. "Sei manobrar um fuzil", mas acrescentei sem demora que meu treinamento havia sido de apenas duas horas.

Ele não pareceu se importar, porque logo um jipe nos levou, juntamente com vários outros jovens, para uma aldeia abandonada que dominava o famoso vale Aialon, onde, conta-se, Josué fez o sol parar porque precisava de mais tempo, quando suas tropas lutavam contra os cananeus. Kaukaba ficava no alto do vale, numa posição estratégica.

Em duplas, fomos espalhados em postos. Cada posto tinha um telefone ligado ao comando do exército, no centro da aldeia. Tínhamos turnos de quatro horas de guarda, armados com um fuzil belga que datava da Primeira Guerra Mundial, mas funcionava. As modernas armas tchecas eram reservadas aos que sabiam lutar. Ficamos uma semana sem trocar de roupa, nem tirar as botinas. Ainda bem que não estava muito quente.

Kaukaba era um lugar de trânsito para os informantes árabes, que ganhavam para nos passar notícias sobre o movimento das tropas inimigas. Vinham depois do anoitecer e davam uma senha. A daquela noite era "Chafetz Haim", nome de um sábio judeu. Eram duas horas

UMA HISTÓRIA PARA MEUS NETOS

da manhã e eu estava cochilando no posto quando percebi um movimento estranho e um vulto a cerca de cinco metros. Ordenei que parasse: "*Amod!*", gritei e, sem demora, engatilhei o fuzil. O homem deve ter levado um susto terrível quando ouviu o ruído metálico da minha arma, porque dizia sem parar: "Ana Haim, Ana Haim". Na verdade, eu também estava assustado, porque "*Haim*", a segunda palavra da senha, estava correta, mas por que ele dizia "Ana"? Com determinação, levantei o telefone interno para chamar o comando. Imediatamente, vieram dois soldados no jipe, que reconheceram o homem, informante nosso, e o acalmaram. Entendi depois que *ana* significa "eu", em árabe.

Durante o dia, tínhamos que arranjar um passatempo, porque não havia grande coisa a fazer. Então, treinávamos tiro ao alvo em latas de querosene vazias. A bem da verdade, foram os únicos tiros que dei na guerra. Uma vez, quando caminhava em direção ao local de treinamento, uma bala de meu fuzil detonou e por sorte não atingiu meu companheiro, que andava ao meu lado. Acho que fiquei mais assustado do que ele, pois não parava de tremer. Não havia nenhum superior conosco, o que me livrou de uma punição: eu sabia que era proibido deixar o fuzil engatilhado, mas não levara a recomendação em conta.

Nas primeiras eleições depois da Independência, realizadas a 25 de janeiro de 1949, o Partido Mapai, trabalhista socialista, liderado por Ben Gurion, obteve 34% dos votos. O Mizrachi, religioso, 13%; o Mapan, movimento kibutziano de esquerda, 12% e o Heirut, de direita, clandestino no tempo dos britânicos e depois transformado em partido, liderado por Menahem Begin, 11%. Os sionistas gerais tiveram 6% dos votos e, finalmente, o Partido Comunista, algo em torno de 2%. Houve uma coalizão para governar que excluiu a extrema direita (Heirut) e a extrema esquerda (PC).

Cada *kibutz* tinha atribuições de registro civil. Recebi uma carteira de identidade, com a qualificação "originário do Brasil", o que me dava direito a voto. Os *kibutzim* tinham interesse nas eleições por

140 FISZEL CZERESNIA

causa de suas ligações partidárias e a votação era extremamente séria. Havia fiscais de todas as agremiações para acompanhar o pleito e o voto era secreto. Votei no Mapai.

Eu havia saído do Brasil indicado pelo Keren Hayessod e, ao invés de ficar seis meses no *kibutz* durante meu curso, fiquei quatro e passei os dois restantes em Jerusalém, nos seus escritórios. Morava num hotel de "meia estrela", se isso é possível!

Em 17 de fevereiro de 1949, consegui estar presente à inauguração do Parlamento, com seus 120 membros e à eleição do primeiro Presidente de Israel, Haim Weizmane, no dia seguinte, assisti também, à sua posse e juramento. As solenidades foram realizadas no edifício da Organização Sionista, em forma de ferradura, onde havia, do lado direito, o Keren Kaiemet, do lado esquerdo, o Keren Hayessod, e no centro a Organização Sionista.

Ao meio-dia, nossa repartição fechou. Todos os funcionários foram embora, menos duas ou três mulheres da limpeza. Fiquei dentro do escritório e comi uns sanduíches que tinha levado. A janela da minha sala dava para um pátio central onde só se entrava com convites. Eu já estava dentro: saí, desci a escada e me misturei aos convidados e à imprensa. Eu estava vestindo minha capa de xantungue e um chapéu, o que me dava um certo ar de estrangeiro. Quando o presidente Chaim Weizman passou, todos os jornalistas foram atrás dele. Aproveitei o movimento e segui o grupo. De repente, já estava na porta do salão onde seria realizada a cerimônia. A multidão de repórteres estava ansiosa para entrar. Havia civis barrando a entrada e, aos que tentavam passar, pediam documento. Reparei que não olhavam direito para a credencial, um pedaço de papel branco que os jornalistas guardavam dentro do chapéu e exibiam ao passar pelo controle. Usando um envelope qualquer que carregava casualmente comigo, fiz o mesmo gesto, aparentando segurança, e consegui não despertar suspeitas. Assim, entrei no recinto reservado às mais altas autoridades e assisti ao discurso de abertura do Parlamento, proferido por Weizman, em pé, atrás da última fileira de deputados. Em frente, Menahem Begin, Ariel Jabotinsky, filho de Benjamim Jabotinsky, e outros. Depois de dar uma rápida olhada no auditório, concentrei-me

Recebo minha carteira de identidade.

Os formandos do curso de *madrikhim*.

UMA HISTÓRIA PARA MEUS NETOS

no discurso do presidente, que lembrou os sionistas mortos na luta pelo reconhecimento do Estado de Israel e mencionou vários correligionários ilustres. Nada disse do direitista Jabotinsky. Foi então que pude ver Begin levantar o braço e tentar protestar, enquanto o deputado e poeta Uri Tzvi Greenberg, que estava sentado ao seu lado esquerdo, puxava-lhe a manga e implorava: "Sente-se, sente-se. Pela honra do Estado". Begin sentou-se, calado.

No dia seguinte, no mesmo local, Weizman ia tomar posse como presidente. Entrei usando a mesma tática. Dessa vez, porém, não desci para o pátio, mas, do segundo andar, subi para o terraço que dava para o salão de cerimônias onde ia se desenrolar a posse. De lá pude até fotografar. Notei a ausência de Ben Gurion. Soube depois que não comparecera porque não haviam arrumado um convite para Pola, sua mulher. Havia quatrocentos convidados, muito selecionados. Quando o presidente estava para chegar, soaram trombetas e os que estavam dentro do salão saíram para o terraço, onde eu já estava postado, para ver a entrada da comitiva. Depois da passagem das autoridades, voltaram todos aos seus lugares. Aproveitei a chance e entrei junto com eles. Por sorte, três ou quatro cadeiras haviam ficado desocupadas e eu, calmamente, me sentei numa delas, como se o assento fosse meu. Ao meu lado, o comandante-chefe da artilharia do Exército de Israel, Moshe Dayan e outros oficiais graduados. Sabia que estava cometendo uma infração, mas aquelas cerimônias tinham tanto significado para mim... Achei que valia a pena correr o risco.

Havia milhares de pessoas dos dois lados da rua, entre eles, meu conhecido de São Paulo, um dos irmãos Flit. De volta ao Brasil, contou a meu pai que havia me visto de longe: "Se Fiszel aceitasse trocar seu lugar pelo meu, eu lhe teria pago qualquer dinheiro".

Duas ou três semanas antes de minha volta ao Brasil, houve uma excursão do movimento juvenil Machanot Ulim para Eilat, no extremo sul do país, no mar Vermelho. Elisha Linder convidou alguns participantes do nosso curso de *madrikhim*. Dos brasileiros, fomos Naftali, Arele e eu. Era *Pessach*.

144

FISZEL CZERESNIA

Éramos uns duzentos jovens, e, entre nós, algumas moças conhecidas que estavam no seminário. Os caminhões nos levaram ao sul de Beer Sheva até o *kibutz* Revivim, na entrada do deserto do Néguev.

Pernoitamos no *kibutz* e, na manhã seguinte, começamos a marchar, em fila indiana. A técnica era andar durante cinqüenta minutos e descansar dez. Dali, faríamos a travessia a pé e os caminhões nos esperariam perto de Eilat. Partimos, acompanhados por seis ou sete militares que conheciam a região como a palma de suas mãos. Estavam armados. Chegamos a Machtesh Hagadol, uma depressão geológica que varia de 250 a 500 metros de profundidade, fantástica paisagem lunar, o "Gran Canyon" israelense. O caminho era estreito; ao lado, não um precipício total, mas uma cratera de 24 quilômetros de comprimento e de 5 a 12 de largura. No meio, um vale. Devíamos atravessar a depressão. Tínhamos pouca água, estava um calor terrível, mas do outro lado, garantiam nossos guias, havia um poço.

Só que pegamos o atalho errado e, de repente, percebemos que estávamos perdidos.

Um avião monomotor dava voltas bem acima de nossas cabeças, procurando. Gritamos, pedindo socorro, mas como estávamos à sombra, ele não nos viu e foi embora. Soubemos depois que naquele mesmo dia o movimento juvenil do Hashomer Hatzair, que também estava excursionando por ali e ia em direção ao mar Morto, fora violentamente atacado pelos árabes. Houve cerca de dez mortos. Preocupado com nossa demora, o pessoal responsável pelo passeio mandara o avião nos procurar.

Os guias haviam guardado um ou dois cantis para emergências e estavam distribuindo laranjas. Tínhamos direito a um quarto de fruta cada um. Era terrível. Pedi à moça que fazia a distribuição: "Pelo amor de Deus, me dê mais um gomo". Não lembro se ela chegou a atender ao meu pedido. Só sei que a sorveteria do Vicente, na Rua Silva Pinto, não me saía da cabeça como uma miragem no deserto. Eu adorava tomar o sorvete esquimó que ele fazia, branco com chocolate por fora. Era famoso no Bom Retiro. Quando voltei, o que tomei de sorvete!

UMA HISTÓRIA PARA MEUS NETOS 145

Decidiram organizar patrulhas de dois, que partiriam em várias direções dando tiros para o ar a cada dez minutos para tentar reencontrar os caminhões. Tínhamos a esperança de que, ouvindo os tiros, ainda que de longe, eles nos localizassem. Finalmente, depois de uma espera de seis horas, um jipe que fazia parte de nosso comboio veio em nossa direção. Trouxe um pouco de água, mas tínhamos direito a meia xícara pequena cada um. Disseram-nos que dali a vinte quilômetros encontraríamos uma fonte. O que me ficou daquele dia de terror, fome e sede, foi que fizemos esses quilômetros em uma hora e pouco. Corremos, voamos. Era o quarto dia do passeio, e estávamos muito cansados. Arele, nosso amigo, andava com a sola do sapato solta, amarrada com um barbante. Tínhamos bolhas nos pés, mas ninguém sentia nada naquele momento, andamos como endemoniados até chegar à água. Pedi para deixarem Arele ir no jipe, mas ele mesmo se recusou. "Agüentei até aqui, agüento mais um pouco", disse, com veemência.

À tarde, quando chegamos a Eilat, a emoção compensou todos os incidentes do percurso. Duas coisas me impressionaram acima de tudo: a casa abandonada de um geólogo inglês que estivera no local trinta anos antes, a única moradia além das barracas do exército, e o chão de pedregulhos de diversas cores sob a água límpida. Tiramos a roupa toda e entramos nus no mar, aos gritos de alegria. Naquele momento, descobri porque o mar, ali, é chamado de Vermelho. É essa a cor que lhe dão os reflexos do sol da tarde incidindo sobre a montanha de cobre ao lado. Uma paisagem incrível. Ousei: "Entendi onde os povos da região se inspiram para tecer seus tapetes". O que se via em baixo d'água era um magnífico desenho multicolorido.

Assisti aos festejos de 1º de maio, no campo do Hapoel, no norte de Tel-Aviv, liderados pela então ministra do Trabalho, Golda Meir. Era o primeiro Dia do Trabalho do Estado de Israel, em plena euforia da histórica vitória contra os árabes. No entusiasmo de seu discurso, Golda falou sobre "o socialismo em nossos dias". Esta declaração serviu de pretexto para os capitalistas judeus da Díaspora não investirem em Israel nos primeiros anos de sua existência.

Antes de nossa partida ao Brasil, emocionado como todos os judeus de Israel, fui assistir ao desfile militar comemorativo do primeiro aniversário da Independência de Israel. O entusiasmo do povo se refletiu na presença de uma multidão inesperada de gente entupindo o trajeto das ruas Ben Yehuda e Allenby pelas quais o Exército iria desfilar. As autoridades, concentradas no palanque em frente ao Cine Mugrabi, resolveram cancelá-lo. Esse desfile entrou para a História como "o desfile que não marchou". A manchete de um jornal estrangeiro, no dia seguinte, estampava: " O vitorioso Exército de Israel não conseguiu vencer a resistência do povo nas ruas de Tel-Aviv".

Voltamos ao Brasil todos juntos. Na véspera da viagem, houve uma festa de despedida, com doces e bebidas, à qual compareceu o diretor-geral do Departamento da Juventude da Organização Sionista Mundial, professor Bentzion Benshalon, especialista em línguas orientais da Universidade de Cracóvia, na Polônia.

Foram catorze meses de uma vivência tão intensa que posso dizer que tudo – ou quase tudo – que sei e penso a respeito do sionismo e de Israel devo a essa estada. O ano de 1948 foi o ano do renascimento da nação judaica e marcou a criação de um Estado soberano, apesar da dispersão de seu povo durante quase 2 mil anos: tive o privilégio e a sorte de estar presente. Pude participar de alguns momentos únicos da história. Isso me emociona. Para o jovem sionista que eu era, a criação do Estado de Israel era um sonho. Eu vivi um sonho que se realizava, um sonho do qual guardo um símbolo: viajei com um visto do consulado britânico em São Paulo; desembarquei em Haifa com o carimbo das autoridades mandatárias britânicas e quando saí, no meu passaporte, constava um visto do recém-instalado Ministério do Interior de Israel.

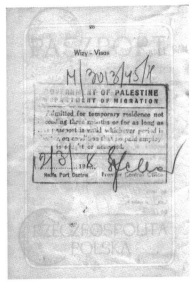

Mudança histórica: diferentes vistos de meu passaporte: primeiro, emitido pelo Consulado Britânico em São Paulo; segundo, com o carimbo de entrada da autoridade britânica em Haifa e, o terceiro, com visto de saída emitido pelo Governo do Estado de Israel.

Embarcamos em 31 de maio de 1949. Na volta, mudamos de navio na Itália, escala de nossa viagem de ida, mais de um ano antes. Depois, uma parada em Barcelona e outra em Lisboa. Ali, como em Rapalo, na ida, comemos cerejas perto do porto. Mas não éramos os mesmos jovens que haviam saído do Brasil.

DE VOLTA AO BRASIL...

De volta ao Brasil, voltei a trabalhar em instituições judaicas. Fui secretário da Federação Israelita e do Fundo Comunitário durante os três anos que se seguiram e mantinha-me ligado ao movimento juvenil sionista Dror.

Em 1951, um grupo de jovens do movimento estava se preparando para viver a vida comunitária de um *kibutz*. Haviam feito a *hakhschará*, preparação, que durara um ano num sítio perto de Jundiaí. Meu irmão Naftali fazia parte do grupo e lá conheceu Helena Corinaldi, sua futura mulher. O namoro não foi longo: resolveram se casar antes da viagem a Israel. Juntei-me a eles e partimos todos em 1952.

Devíamos passar um ou dois anos num *kibutz* antigo, preparando-nos para criar um novo. Fazíamos parte do segundo *garin*, núcleo. O primeiro havia saído um ano antes. Íamos para um dos maiores *kibutzim*, Afikim, no vale do rio Jordão, onde a temperatura média no verão era de 45 graus à sombra. O *kibutz* havia sido formado por um grupo de jovens sionistas russos de esquerda.

Antes de chegar a Israel, fizemos uma escala prolongada em Veneza, onde minha cunhada tinha família. Os tios de Helena viviam numa casa enorme e antiga – devia ter uns duzentos anos –, que dava para o Grande Canal. Lá passamos o *Pessach*, com a presença de avós, tios, primos e um tio, professor Gino Luzzato, reitor da Faculdade de Economia e que foi nosso guia durante os oito dias que passamos na cidade. Deram-me a honra da celebração do *Seder* e dirigi a cerimônia como havia aprendido com meu pai.

Afikim era um *kibutz* muito desenvolvido, onde havia uma fábrica de compensados exportados para a Inglaterra. Toras gigantescas de madeira eram trazidas da África até o porto de Haifa e dali seguiam de caminhão até o *kibutz*. Depois de permanecerem dentro de enormes tanques de água, as toras eram cortadas mecanicamente em tiras de alguns milímetros, depois coladas e prensadas. O segredo estava na cola. Quem preparava esse processo era um engenheiro químico brasileiro que estava morando lá. Fiquei alguns meses nessa fábrica: um período duríssimo. Meu trabalho era tirar as chapas da prensa e colocá-las nos caminhões que as transportavam até o porto.

Participei da colheita de uvas num parreiral enorme que ficava a alguns quilômetros da sede, mas era tão próximo à fronteira da Jordânia que dali podíamos ver os jordanianos. Foi o período mais agradável de minha estada. Havia duas espécies de uvas, e no dia que se colhia a moscatel não se tocava na outra. Nossas uvas eram as primeiras a serem colhidas no país, uvas de mesa. Contavam que as duas ou três primeiras caixas eram sempre mandadas para o presidente da República. Por causa do calor, trabalhávamos das 4 às 10 da manhã e das 4 às 6 da tarde. Quando saíamos do alojamento, de madrugada, engolíamos apenas um chá e uma fatia de pão com geléia, pois o café da manhã, bastante substancial – pão, manteiga, creme, queijos, iogurte, saladas –, ainda não estava sendo servido àquela hora no refeitório. Às 7 horas, era levado ao campo especialmente para nós. Era uma pausa deliciosa no trabalho. Também fui destacado para a horta, uma

UMA HISTÓRIA PARA MEUS NETOS

horta enorme que supria o consumo do *kibutz* e ainda produzia um excedente, que vendíamos.

No mesmo verão, fui operário de construção: levava água para a mistura do concreto. Era um trabalho de cão, mas me dei bem. Alguns operários de fora haviam sido contratados para abrir canais de irrigação. No rio Iarmuk, onde ele desemboca no Jordão, havia sido instalada uma bomba para irrigar as parreiras e a horta. Era terrível trabalhar sob aquele calor escaldante. Uma carroça do *kibutz* nos trazia latões de alumínio de água gelada. Para manter a baixa temperatura, vinham com dois terços de gelo e um terço de água. Bebíamos sem parar.

O embaixador do Brasil veio nos visitar e quis levar uma garrafa de água do rio Jordão. A dois quilômetros de onde estávamos passava um canal de irrigação desviado do Jordão, mas ele não aceitou nossa oferta de encher sua garrafa ali mesmo. Fez questão de que fôssemos até um ponto onde o rio corria livremente.

Participei de muitas discussões sobre a vida no *kibutz*. Um de meus companheiros em Afikim, solteirão de uns cinqüenta anos e de alto nível cultural, estava preocupado com o futuro da vida coletiva. Nosso *kibutz* tinha introduzido pela primeira vez sobrados com banheiros privativos. Ele tinha direito a uma dessas casas, mas só tomava banho nos chuveiros coletivos, porque acreditava que a igualdade de todos era fundamental para a sobrevivência do ideal kibutziano. O chuveiro coletivo era um lugar onde as pessoas se encontravam no fim de um dia de trabalho e discutiam política. Com um banheiro em cada casa, isso ia acabar. Do ponto de vista ideológico, ele tinha razão, porque a verdade é que muito do coletivismo se perdeu. Lembrei-me do velho Tabenkin que já dizia isso em 1948.

A comunidade supria as necessidades mais imediatas de alimentação e moradia. Os membros efetivos recebiam uma verba para pequenas despesas, para visitar parentes, para a condução. Eu não tinha direito a essa verba porque não era membro e estava lá por um curto período.

Dentro de um *kibutz*, a produtividade varia bastante entre os vários *anafim*, as diversas frentes de trabalho. O cálculo da produtividade é dado basicamente pela relação entre um *iom avodá*, um dia de trabalho, e o custo diário de manutenção de todos os que vivem na comunidade. Existem pessoas que produzem e outras que não produzem, mas todas gastam a mesma coisa. Logicamente, há funções que não geram receita, como a de professora, enfermeira ou cozinheira, mas seu trabalho é vital. Para manter essas pessoas existem estábulo, galinheiro, pastos, horta, laranjal, marcenaria, oficina, fábrica, entre outros. Havia setores que produziam dois dias de trabalho por membro ocupado, enquanto outros davam prejuízo. No final das contas, o orçamento era sempre apertado. O *kibutz* é mais uma cooperativa, em que os lucros e os prejuízos dos serviços produtivos são distribuídos entre todos. A comunidade fornece a cada indivíduo o mínimo de que ele precisa e não há lucros pessoais, mas o individualismo prevaleceu, como não podia deixar de ser, e a vida coletiva está desaparecendo.

Com o passar dos anos, os *kibutzim*, que já chegaram a abrigar 3,5% da população de Israel, não cresceram na proporção do aumento populacional. A influência da cidade passou a se fazer sentir com maior intensidade, e muitos jovens que iam para o exército passavam por uma crise de identidade kibutziana na volta. Por outro lado, os *kibutzim* estão colocando em cheque a base de sua formação: a cada um de acordo com suas capacidades e suas necessidades. No começo, tanto o membro que recolhia o lixo quanto o gerente de uma indústria viviam em casas parecidas, comiam a mesma comida e tinham os filhos estudando na mesma escola. Mas, aos poucos, começaram a aparecer as desigualdades. Alguns membros tinham carro porque trabalhavam na cidade; outros tinham parentes ricos que lhes mandavam presentes... E isso, por enquanto, não se sabe bem como resolver.

Além disso, a situação de sua economia varia muito, e hoje a maioria dos *kibutzim* enfrenta problemas financeiros, porque investiu numa época de euforia e inflação baixa. Como nem todas as aplicações deram resultado, e os juros eram muito elevados, muitos se endividaram. Bror Hayil foi um dos que mais se comprometeu *per capita*, a ponto de ter hoje uma dívida de 50 milhões de dólares, resultado de

UMA HISTÓRIA PARA MEUS NETOS

153

um investimento inicial de cerca de 7 milhões. A dívida total de todos os *kibutzim*, colônias coletivas e cooperativas atinge hoje aproximadamente 2 bilhões de dólares – uma situação extremamente grave.

Nos últimos três ou quatro anos, o governo vem tentando sanar essa crise. Alguns *kibutzim*, situados perto de grandes cidades, estão vendendo parte de suas terras, que se valorizaram com a urbanização. Mas como nem todos possuem áreas rurais nessas condições, a idéia é formar uma caixa comum para tentar resolver o problema globalmente. O governo deverá arcar com parte dos débitos, enquanto o sistema financeiro se mostra disposto a renegociá-los.

Durante nossa estada em Afikim, além do aprendizado agrícola e da obrigação de pequenas tarefas, recebemos treinamento militar nos batalhões da Nahal, sigla em hebraico de Juventude Pioneira Lutadora. Eram batalhões do exército formados por membros de grupos halutzianos. A diferença era que, ao contrário do exército, em que se permanecia dois anos, o treinamento no Nahal era de três ou quatro meses. Naftali e eu fomos mobilizados em um campo militar perto de Natania, enquanto Helena ficou no *kibutz* porque estava grávida. Foi uma vivência extraordinária. O comandante do acampamento dizia: "Vamos quebrar o civil que existe dentro de vocês e transformá-los em soldados". Com isso, queria dizer que acabaria com nossa vida folgada. Acordávamos às 6 da manhã e, em apenas quinze minutos, tínhamos que arrumar a cama, nos vestir, engraxar os sapatos, limpar o fuzil. Para ganhar tempo, descobrimos alguns pequenos truques, como deixar a arma limpa antes de dormir. O treinamento era rigoroso. Num dos exercícios, tínhamos que nos arrastar por baixo de uma cerca de arame farpado carregando um fuzil sob o fogo de metralhadoras. Se alguém levantasse a cabeça, seria atingido.

A verdade é que conseguíamos dar conta de todas as tarefas. Um de nossos soldados, Mordechai Chaiczyk, ganhou um prêmio por seu desempenho. Brincando, dizíamos que ele era o melhor soldado do Oriente Médio. Nossa lógica era a seguinte: se o exército de Israel era o melhor do Oriente Médio, a Nahal, a melhor divisão do exército, o 5º Batalhão, o nosso, o melhor da divisão, e a barraca nº 1 a melhor do batalhão, Chaiczyk, sendo o melhor soldado da barraca, era o melhor soldado do Oriente Médio.

Certo dia, faltou água quente. Era inverno e o pessoal foi reclamar. No dia seguinte, não havia um pingo de água. O primeiro-sargento, encarregado da vida cotidiana no campo, reuniu todo mundo e contou a história do rabino e do bode.

Um pobre homem que morava com mulher e oito filhos num único cômodo foi se queixar ao rabino, por causa do aperto. "Você tem um bode?", perguntou o rabino. Como o homem respondeu que sim, ele aconselhou: "Ponha-o dentro do quarto". Dias depois, não agüentando mais a convivência com o bode, o pobre homem voltou a se queixar ao rabino, que então lhe ordenou: "Tire o bode". O alívio foi tão grande que ele até achou que a vida tinha melhorado muito.

Quando a água – fria – jorrou nos chuveiros, achamos que nossa vida também tinha melhorado muito.

No refeitório havia centenas de pessoas que se acomodavam em mesas de vinte. Eu era fiscal responsável pela distribuição dos soldados nas mesas. Um dia, um colega marroquino discutiu comigo na hora da refeição e, saindo, tentou me aplicar um golpe que tínhamos aprendido e que consistia em enfiar os dois polegares na boca do inimigo e rasgá-la. Como eu também estava treinado, finquei-lhe os dentes com toda a força e quase lhe arranquei o dedão. Os oficiais se reuniram e houve um verdadeiro julgamento: o rapaz ficou preso durante dois dias. Em compensação, depois dessa briga, os marroquinos mudavam de calçada quando cruzavam conosco.

Uma das manobras foi na Galiléia. Fomos acordados à uma hora da manhã e embarcados na carroceria de um caminhão. Viajamos a noite toda. De manhãzinha, ao chegarmos, vimos que havia milhares de outros soldados esperando. Depois de um café, pusemo-nos em marcha. Andamos um dia e uma noite. Eu marchava dormindo. Um companheiro, Pinchas Falbel, exausto, caiu num poço seco. De madrugada, cada um teve que abrir uma pequena trincheira, onde passamos algumas horas deitados, "sentindo a proximidade do inimigo".

UMA HISTÓRIA PARA MEUS NETOS 155

De volta a Afikim, chegou o momento de discutir o futuro do nosso *garin*. O movimento kibutziano nos fez duas propostas. A primeira é que fôssemos para um *kibutz* quase abandonado no norte da Galiléia, um lugar montanhoso, que não tinha boas terras, chamado Ein Zeitim, perto de Safed. A segunda hipótese era partir para Bror Hayil, no norte do Néguev, *kibutz* fundado em 1948 por jovens halutzianos do Egito. A idéia é que fôssemos completar o grupo, que havia algum tempo começara a se enfraquecer. Depois de muitas discussões, houve votação e a maioria optou por Bror Hayil. Fui voto vencido. Ficou decidido que iríamos para lá seis meses mais tarde.

É uma área de cerca de 5 mil *dunams* – um *dunam* equivale a 1.000 metros quadrados, e as distâncias entre os vários setores eram percorridas a pé. Hoje alguns *kibutzim* cresceram tanto que diversos trabalhadores, como o jardineiro ou o lixeiro, já têm uma condução pequena, elétrica, do tipo que se usa em campos de golfe, mas naquela época ninguém sonhava com isso: andávamos a pé ou, quando a distância era maior, viajávamos sentados numa plataforma puxada por um trator. Portinari captou lindamente essas imagens quando esteve em Bror Hayil em 1954. O resultado foi uma série de desenhos publicados em livro na Itália, do qual tenho um exemplar.

Fazia poucos meses que eu estava em Afikim quando o Keren Kaiemet começou a procurar alguém entre o grupo de brasileiros para criar um departamento juvenil no Brasil. Fui indicado para o cargo. Deveria voltar ao Brasil e permanecer dois anos. Parti, deixando meu irmão, minha cunhada e uma sobrinha recém-nascida, Drora. Logo depois de minha partida, mudaram-se para Bror Hayil.

Cheguei ao Rio em fevereiro de 1953. Foi um dia antes da morte de Stálin. Éramos dois enviados: Yeshaiahu, um senhor romeno que iria dirigir todo o Keren Kaiemet no Brasil, e eu, que seria encarregado da juventude. Nos primeiros dias, hospedei-me no Hotel Excelsior, mas logo aluguei um quarto na casa de uma família brasileira nas Laranjeiras. Meu trabalho era recrutar jovens, dar palestras, organizar festejos. Mas não havia muito o que fazer, o que me deixava chateado.

156 *FISZEL CZERESNIA*

Voltei a São Paulo, onde o movimento Dror precisava de mim e onde eu também sentia que poderia ser mais útil. Durante algum tempo, minha situação profissional ficou indefinida, enquanto se decidia qual das organizações arcaria com o meu salário. Cinco ou seis meses depois, não tendo havido um acordo, me vi sem dinheiro, cheio de dívidas, e na necessidade de procurar outro trabalho. Foi aí que surgiu uma oportunidade.

Era o ano de 1954 e o American Jewish Joint Distribution Committee estava abrindo uma representação em São Paulo. Procurei o escritório da Rua Martim Francisco e me apresentei ao diretor, Akiva Kahane. Era um sobrevivente da guerra, que havia trabalhado na Europa e nos Estados Unidos e estava aqui porque a organização acreditava que no Brasil havia boas oportunidades de se conseguir vistos de entrada permanentes para os judeus que haviam estado em campos da Europa. O Joint se encarregava de arrumar os vistos para toda essa gente, legalizar os documentos e conseguir contratos de trabalho com empresas estabelecidas no país. Diariamente, até vinte candidatos procuravam o escritório e precisavam ser atendidos pessoalmente. Como eu dominava o português, o ídiche e o hebraico, fui encarregado desse atendimento. Cuidei de um grupo de judeus romenos. Aprendi muito com esse trabalho.

Quando chegavam, os imigrantes traziam uma ficha fornecida pelo Joint ainda no campo de Fehrenwald, na Alemanha. Algumas continham a sigla TB, "tuberculoso", e sabíamos que esses tinham de ser tratados com atenção especial.

Enquanto não arrumavam trabalho, recebiam uma pensão mensal por um ou dois meses e ficavam hospedados num hotel simples. Quem tinha parentes aqui geralmente arranjava onde morar, e nós providenciávamos um meio de vida. Para isso, o Joint criara uma caixa de empréstimos. Um comitê de judeus de prestígio reconhecido na comunidade, entre os quais, Max Eberhardt, Bertie Lévy e Kalman Orenstein, analisava os pedidos e autorizava os empréstimos.

Cabia a mim preparar os relatórios e fazer cumprir as decisões tomadas pelo comitê em cada reunião. Não havia possibilidade de corrupção, a grande maioria era gente honesta, mas houve uns pou-

Entre os funcionários do Consulado de Israel, na Rua D. José de Barros.

cos que tentaram subornar o porteiro com algum dinheiro ou caixas de chocolate para que ele os deixasse entrar e falar comigo sem hora marcada. Felizmente, o porteiro era um homem íntegro.

A maioria dos imigrantes não tinha profissão definida. Nos anos em que trabalhei nessa função, atendi a mais de duzentos casos. Muitos abriram bancas de conserto de canetas no centro, um negócio que custava mais ou menos 20 mil cruzeiros. Conseguiam um pequeno espaço num bar ou numa tabacaria, pagavam pelo ponto e passavam a trabalhar. Era um serviço que não exigia grande especialização. Havia também aqueles que usavam o empréstimo para comprar algumas máquinas de *overlock* e trabalhavam em casa.

A grande maioria era de famílias que de fato precisavam de ajuda, mas houve também quem quisesse nos enganar. Era inevitável. Sabíamos que isso podia acontecer, tanto que todo pedido de empréstimo vinha acompanhado do relatório da assistente social, também uma refugiada.

Certa vez, um homem pediu o empréstimo máximo alegando ter quatro filhos. Morava na Rua Bandeirantes, no Bom Retiro. Seu cheque já tinha sido emitido, aguardando apenas a perícia da assistente social. Quando ela chegou ao apartamento, encontrou um aparelho de televisão na sala – isso em 1954, quando pouca gente tinha tevê em casa – e uma dezena de máquinas de *overlock* trabalhando. No dia seguinte, quando o refugiado veio buscar o dinheiro, contei-lhe as informações que havia recebido e comuniquei-lhe que o empréstimo estava suspenso. Apavorado, ele jurou que aquilo tudo não lhe pertencia, mas a um parente. "Juro pela vida dos meus filhos", disse. Entreguei-lhe o cheque. Um homem que jura pela vida dos filhos não podia estar mentindo. Mas ele estava. Essa experiência me marcou.

Houve também casos difíceis, mas devíamos ter muita paciência com essa gente sofrida. Apareceu uma louca no escritório que levantava o vestido, gritava e se jogava no chão. Outro episódio que nunca esqueci ocorreu numa véspera de *Pessach*. Um sujeito conhecido como "Brutamontes", que já havia recebido mais do que o previsto, chegou ao escritório munido de uma barra de ferro e tentou

UMA HISTÓRIA PARA MEUS NETOS 159

abrir a porta à força. Eu já o tinha recebido várias vezes e acreditava ter cumprido minha obrigação. Com o consentimento de meu chefe, chamei a polícia e ele foi preso. Devíamos manter a ordem, é verdade, mas às vezes não conseguíamos abafar nossos sentimentos: eu sentia uma profunda pena dele. Assim que a polícia o levou, convoquei um advogado que nos prestava alguns serviços para que o tirasse da cadeia. Na mesma tarde, ele foi solto.

Não tenho idéia de quanto dinheiro movimentamos nesse período, mas não faltaram recursos e pudemos atender a todos. Depois de um certo tempo, fechamos o escritório, mas o comitê de empréstimos continuou funcionando até 1958. Reunia-se uma vez por semana numa pequena sala na Rua Dom José de Barros, 17, no mesmo andar onde funcionava o consulado de Israel. Para mim, essa proximidade era perfeita, porque nessa época eu já era secretário do consulado, cargo que tive grande honra de exercer.

O governo de Israel não tinha meios de manter representações diplomáticas em todas as cidades importantes do mundo e por isso optou por nomear cônsules honorários. O cargo exigia alguns atributos especiais: os titulares deviam ser suficientemente abastados para arcar com as despesas de instalação e funcionamento da representação; além disso, deviam ser pessoas de destaque na comunidade judaica local. Em São Paulo, o sr. Leon Feffer reunia essas qualidades. Além de ser homem de integridade à toda prova, era um sionista dedicado. Sua candidatura foi bem-aceita junto à comunidade.

Como cidadão brasileiro, Feffer teve de pedir licença ao presidente da República, João Café Filho, para aceitar o cargo. Em junho de 1956, finalmente, recebeu sua diplomação, assinada por Juscelino Kubitschek, sucessor de Café Filho. O cônsul honorário não tinha nenhuma tarefa política, função de responsabilidade da embaixada, mas representava Israel perante o governo e a comunidade judaica do Estado. É preciso lembrar que para os judeus brasileiros, àquela época, o consulado era visto diferentemente do que é hoje.

Quando soube que o sr. Leon Feffer seria cônsul honorário, escrevi-lhe cumprimentando-o pela nomeação e coloquei-me à disposição para tudo de que precisasse. É claro que não escrevi a carta com a intenção de obter um cargo, mas acho que no fundo do coração, havia em mim um desejo muito forte de trabalhar no consulado. Assumir uma função talvez fosse uma forma de me redimir da culpa que eu ainda sentia por ter deixado Israel e retornado para cá. Quando recebeu a carta, Feffer me telefonou e, sem rodeios perguntou se eu queria assumir a secretaria do consulado. Ele já conhecia minhas qualificações desde 1945, quando eu trabalhava no CHB e na Federação. Fui contratado por um salário bem razoável. Tenho certeza de que ele me teria pago o dobro se lhe tivesse pedido, mas o mais importante para mim era que me sentia profundamente honrado em ser secretário da primeira representação consular de Israel em São Paulo.

Trinta e um anos depois, junto com meu cunhado Samuel, assinaria a escritura de venda da sede do Consulado de Israel no Edifício Diâmetro, na Avenida Faria Lima. Durante a solenidade, usei da palavra para expressar o significado deste ato para mim: o funcionário de 1956 apunha sua assinatura como proprietário do imóvel em 1985. Quase chorei naquela hora.

Participei de todos os preparativos para a abertura do primeiro escritório, na Rua Xavier de Toledo, sede alugada pelo próprio Feffer. Não esqueço a profunda emoção que senti quando o rabino colocou a *mezuzá*, no dia em que o inauguramos, em 1956. Algum tempo depois, o consulado se transferiu da Rua Xavier de Toledo para a Dom José de Barros, para um edifício construído por Feffer e pelo qual, logicamente, ele nada cobrava. As receitas, provenientes dos serviços consulares, como concessões de vistos e renovações de passaportes, eram enviadas à embaixada no Rio de Janeiro.

O sr. Leon Feffer dedicava todas as tardes às tarefas consulares. Passava a manhã na fábrica de papel do Ipiranga, a única que ele possuía na época, almoçava em casa e depois ia ao consulado. Nunca deixou de receber alguém que desejasse falar com ele e conseguia dar atenção a todos, qualquer que fosse a importância do assunto.

Eu me encarregava do expediente, de acordo com um livro de instruções, em hebraico, que tratava de todos os detalhes técnicos do serviço e cujas folhas de atualização recebíamos periodicamente. Era a nossa bíblia. O sr. Leon Feffer não se preocupava com esses detalhes,

UMA HISTÓRIA PARA MEUS NETOS

simplesmente assinava os documentos que eu lhe apresentava. Dizia confiar plenamente em mim.

Nessa época não havia ainda uma grande preocupação com a segurança. Certa vez, sem querer, é claro, forneci um visto de turista a um espião. Naturalmente, só ficamos sabendo disso muito depois, quando ele foi preso. Ele vinha da Argentina e dizia pertencer ao movimento Bahai, comunidade religiosa sediada em Haifa que pregava a paz. Ele foi para Israel, onde passou alguns meses em Bror Hayil como contato de um espião árabe. Nessa época, já estava sendo investigado, controlaram sua correspondência e descobriram sua dupla identidade.

Eu tinha consciência da importância da representação consular para dar cobertura a algumas ações, inclusive do serviço secreto, porque várias vezes recebi instruções para dar assistência a pessoas que passavam por São Paulo. Não me informavam de nada nem participei diretamente de nada. Minha função era apenas dar apoio logístico, oferecer contatos com pessoas. Na verdade, eu fazia o papel de *office-boy* de responsabilidade, nada mais. Certa vez, um sujeito que se apresentou a mim no consulado vestindo capa e chapéu, como um detetive inglês, queria ser apresentado a alguém que pudesse ajudá-lo a abrir uma agência de turismo no Iraque. Uma agência de turismo era uma ótima fachada para atividades de espionagem, porque se podia viajar para toda parte sem chamar a atenção. Apresentei-lhe um amigo que poderia lhe dar orientação, se quisesse. E foi só. Nunca lhe perguntei nada. Outro falou rapidamente comigo no consulado, e eu soube depois que era caçador de nazistas e havia participado do seqüestro de Eichmann na Argentina.

No consulado acontecia um pouco de tudo. Por volta de 1958, recebemos uma carta de um membro da polícia de Israel que pedia nossa ajuda. Dizia ser sobrinho de uma senhora de São Paulo que não mandava notícias. Tinha ouvido dizer que ela havia falecido e pedia que tentássemos confirmar o fato. Acrescentava ainda que era o único herdeiro da tia, que, segundo sabia, era mulher de posses. Dava seu nome completo e seu endereço, na Rua Santa Ifigênia. Fui procurar o endereço indicado, mas não encontrei ninguém. Era uma casa em plena zona do meretrício. Naquele momento, não me dei conta disso e segui para a Sociedade Cemitério Israelita, onde estão registrados os óbitos de membros da comunidade. Não encontrei nenhum registro em nome da pessoa que procurava, mas saí com uma pista: se ela morava na Rua Santa Ifigênia, provavelmente fora prostituta e devia estar enterrada no cemitério que elas mantinham. Deram-me o telefone da entidade. Liguei em seguida, e uma mulher atendeu. Disse quem eu era, falei da carta e informei que precisava esclarecer o assunto. Ela marcou uma hora para conversarmos.

Fui recebido na Alameda Ribeiro da Silva, nos Campos Elísios, por quatro senhoras visivelmente emocionadas de estarem com um representante oficial do Estado de Israel. Usavam roupas de festa, parecia que iam para a sinagoga rezar. Todas tinham cerca de setenta anos e estavam vestidas como tal. Antes de mais nada, abriram a sinagoga e me mostraram o que faziam no campo da assistência social. No porão, um espaço bastante amplo, havia uma espécie de enfermaria, onde consegui avistar algumas mulheres deitadas. Eram pobres e doentes, e estavam sendo atendidas pela sociedade graças a doações de algumas delas, mais ricas.

Durante a visita, falei da carta. Todas elas conheciam a pessoa procurada. Falecera fazia meses, me disseram, e não havia deixado dinheiro. Ao contrário, gastara tudo o que tinha com sua doença e, no fim, tivera até que recorrer à sociedade. Foi triste.

Respondi ao rapaz dizendo simplesmente que a pessoa que ele procurava havia falecido sem deixar bens.

O sr. Leon Feffer foi uma presença muito marcante em minha vida. Por seu intermédio, assumi outro trabalho ligado à comunidade, a secretaria da Associação Brasileira "A Hebraica" de São Paulo e, mais tarde, enfrentei o maior de todos os meus desafios profissionais.

O clube funcionava no Edifício Três Leões, na Avenida São João, 1.086. Éramos apenas três funcionários: uma datilógrafa, um *office-boy* e eu. A Hebraica cresceu graças ao esforço de muita gente, mas, para estimular a comunidade judaica a apostar na idéia e tornar-

Chegada de Bar Yehuda, ministro do Interior de Israel (ao fundo). À sua volta, entre outros: Henrique Rosset e seu pai Benjamin, Moisés Kahan, Salo Wissman, Francisco Teperman, Leon Feffer, Vitório Camerini, Henrique Bidlovsky, Gema Camerini e Konrad Chaimatz.

Golda Meir em São Paulo, 1959.

UMA HISTÓRIA PARA MEUS NETOS

se sócia – naquele tempo, o título custava 30 mil cruzeiros, em trinta pagamentos, um valor elevado –, os responsáveis pela empreitada deviam gozar da mais elevada reputação. O sr. Leon Feffer, então presidente da entidade, era extremamente respeitado, e seu comprometimento com o projeto era um verdadeiro aval.

O início das atividades do clube representou um verdadeiro desafio. Montei toda a estrutura administrativa. Analisei cerca de quinhentos pedidos de emprego, entrevistei todos os candidatos para finalmente contratar cerca de cem. Precisávamos de um salva-vidas para a piscina e entre os candidatos, havia um jovem surdo-mudo. Resolvi contratá-lo. A idéia que me veio à cabeça foi a seguinte: aos domingos a piscina ficaria lotada e a gritaria seria tal que, se alguém estivesse se afogando, ninguém notaria. Sendo aquele rapaz surdomudo, nenhum barulho iria distraí-lo e ele não tiraria os olhos da piscina. Deu certo. Ele ficou muitos anos no clube. Outro funcionário que contratei era um faz-tudo, seu Joaquim, que se aposentou, aos oitenta anos, e foi homenageado pelo clube. De vez em quando ainda vai à Hebraica prestar uma ajuda, porque conhece a localização de cada lâmpada, de cada parafuso.

No dia 31 de dezembro de 1956, a sede da Hebraica foi inaugurada com um baile de gala. A expectativa era grande, mas amargamos um terrível desastre. Calculo que havia mais de mil pessoas presentes, todas a rigor. Por uma falha do bufê contratado para o jantar, às 3 da manhã mais da metade dos convidados, que haviam pago, e bem caro, por um convite, ainda não tinham sido servidos. As queixas eram gerais: a comida era escassa e ruim, o champanhe prometido não fora servido. Um fiasco total.

Na verdade, tínhamos problemas das mais variadas origens. No dia da inauguração, por exemplo, surgiu a dúvida: devíamos ou não hastear a bandeira de Israel? "É um clube brasileiro", diziam alguns. "Sou brasileiro, vão me acusar de gringo", argumentavam outros. Optamos por hasteá-la. Nos anos que se seguiram à Segunda Guerra, a defesa do sionismo ainda era tímida. Hoje nenhum judeu no Brasil tem vergonha de dizer: "Sou judeu, apoio Israel". É uma atitude natural.

Em 1956, por decisão da assembléia, o quadro social foi ampliado de trezentos para mil sócios. Só então adquiri o meu título, em trinta parcelas de 1.000 cruzeiros. Escolhi minha matrícula, queria um número fácil e escolhi o 666. Mantenho-o até hoje.

Eu acumulava o trabalho no clube e no consulado de Israel, mas logo tive que fazer uma opção. Depois da inauguração da nova sede, não contava mais com a proximidade entre os dois escritórios no centro. Em 1957, decidi pedir demissão. Optei pelo consulado, mas continuei ligado à Hebraica, como conselheiro eleito.

Em 1959, a comunidade recebeu Golda Meier, então ministra das Relações Exteriores, a quem oferecemos um banquete com mil convidados na Hebraica. Quando lhe dei a palavra – imagine eu dando a palavra a Golda Meir! –, ela se levantou e falou em ídiche, sem microfone. Foi uma emoção. Tinha um carisma absolutamente impressionante, era uma pessoa especial. Sua principal atividade em São Paulo foi participar de um *meeting* para quinze mil pessoas no ginásio coberto do Pacaembu. Eu também fui responsável pelo evento. Convidamos o Madrigal Renascentista de Belo Horizonte, então dirigido pelo maestro Isaac Karabtchevski, que havia sido membro do Dror, e a soprano Maria Lúcia Godoy, que cantou em hebraico *Laila, Laila*, do compositor Zeira, iluminada apenas por um foco de luz. Foi como se uma corrente elétrica passasse pela platéia. Golda chorou, e imagino que muitos presentes também.

De clube social e esportivo, a Hebraica, principalmente depois da gestão de Beirel Zukerman, de 1973 a 1975, transformou-se em um clube judaico e se tornou um verdadeiro centro comunitário sionista. Marcos Arbaitman, três vezes presidente do clube e principal responsável pelo seu progresso, lançou o slogan: "A Hebraica é o maior clube judaico do mundo". Não conheço todos os clubes judaicos do mundo, mas Marcos conhece e deve estar certo.

Hebraica...

Se a Hebraica foi importante para a comunidade, foi duplamente significativa para mim. Relacionei-me com a comunidade, o que foi de grande valia mais tarde, quando me tornei sócio de uma construtora. E depois, foi na Hebraica que conheci Rosa, que viria a ser minha mulher.

Eu tinha 33 anos, era um lobo solitário. Meus irmãos e amigos estavam todos casados. Eu vivia sozinho. Ia ao teatro, a concertos, a partidas de futebol, sempre sozinho.

Rosa me cativou por sua simpatia e inteligência. A primeira vez que a vi, numa reunião para formação do grupo de teatro na Hebraica, ela era pouco mais que uma menina. Naquele mesmo dia, levemente interessado, fui procurar sua ficha de sócia para verificar a idade. "Dezessete anos", pensei, decepcionado. "É muito jovem para mim."

Três anos depois, no baile de Purim na Hebraica, nos reencontramos e iniciamos um relacionamento e passamos a nos ver com mais freqüência. No escritório do consulado, eu ficava divagando, pensava nela. Estava apaixonado.

Rosa foi muito bem-aceita em minha família quando nosso namoro ficou firme. A bem da verdade, minha mãe estava ansiosa para me ver casado. Afinal, eu já estava com 36 anos.

Embora eu seja agnóstico, nunca cogitei não casar no religioso. Acho que a cerimônia do casamento é uma forma de manter a continuidade da tradição judaica e nada tem a ver com religiosidade. Para os pais da Rosa, comunistas, progressistas e ateus, as tradições eram tão importantes que eles não aceitavam que ela namorasse um não-judeu.

Dois anos depois de meu casamento, meu sogro me convidou a fazer parte da empresa da família. Alguns anos antes, quando seu filho Samuel, engenheiro, estagiava numa construtora e o outro, João, ainda estudava arquitetura, Godel resolvera vender a confecção que possuía na Rua José Paulino e investira no ramo imobiliário, criando a Kon Engenharia e Construções.

Quando comecei, a clientela se resumia praticamente à comunidade do Bom Retiro. Godel comprava um terreno, dividia o preço da construção entre dez ou vinte compradores e ganhava uma porcentagem sobre a administração. Samuel cuidava da execução da obra e da compra de material, João fazia os projetos e eu fui encarregado de arregimentar clientes. Era nessa função que eu poderia ser útil, dado o amplo relacionamento que já formara dentro da comunidade judaica graças aos cargos que exercera, principalmente no consulado e na Hebraica. Meu primeiro cliente foi justamente o sr. Leon Feffer.

Posso dizer que a comercialização de um edifício de cinqüenta e dois apartamentos num grande terreno da Rua Martinico Prado, meu trabalho inicial, foi um sucesso. Os Kon estavam temerosos, porque contávamos com as primeiras vendas para dar início à obra. Em duas semanas, consegui vender mais de vinte unidades. Às vezes, o relacionamento é mais importante do que o talento do vendedor. Apesar de meu temperamento introspectivo, eu me sentia bem, porque não estava vendendo ilusões, acreditava na honestidade de nossa proposta.

O sr. Leon Feffer tinha comprado dois apartamentos e, num determinado dia, quando a obra já estava no fim, fui pessoalmente entregar-lhe uma restituição. Ele nunca mais esqueceu isso: nosso

Rosa e eu, no dia de nosso casamento civil, com meu amigo Kissin.

Na festa do casamento.

UMA HISTÓRIA PARA MEUS NETOS

trabalho lhe agradou. Mais tarde, quando seu escritório da Avenida Paulista incendiou-se, destruindo totalmente quatro ou cinco andares, ele me chamou: "Faça essa reforma. Você não vai se arrepender".

Em 1970, precisou ampliar a fábrica de Suzano e nos convidou a participar do projeto, embora soubesse que não tínhamos experiência em construções industriais. Aceitamos o desafio e montamos a Prisma Industrial, só para esse fim, juntamente com os engenheiros Ruwin Pikman e Rafael Halpern, de quem nos tornamos sócios. Não fazíamos idéia da dimensão da obra e, se a tivéssemos avaliado bem, não teríamos entrado na concorrência. Alguns diretores da Suzano, percebendo nossa inexperiência, espantaram-se com a ousadia de Feffer e não queriam nos levar a sério, mas ele enfrentou seus colaboradores e confiou-nos o projeto. Num determinado momento, tínhamos dez engenheiros e mil e quinhentos operários na obra. Graças a ele, demos um enorme salto e nos transformamos, à época, na empresa que mais construiu indústrias de papel no Brasil.

Nos anos 70, o BNDS, Banco Nacional de Desenvolvimento Social, lançou um programa de financiamento para indústrias de papel e celulose com boas condições de amortização. Importantes indústrias do setor aproveitaram a oportunidade. Foi o caso das indústrias Klabin, que investiram 100 milhões de dólares em uma fábrica no Paraná. Mais uma vez, minhas relações foram de fundamental importância. Tinha um amigo dentro da empresa, Isaac Kissin, e por recomendação sua a diretoria decidiu enviar uma equipe para avaliar *in loco* nossa capacidade técnica. Fechamos o negócio. A obra nos deu muitos problemas, nossa margem de lucro foi praticamente nula, mas consolidamos o prestígio de nossa empresa. Dali em diante, não precisamos mais contar com bons relacionamentos. Nossa competência estava mais do que comprovada.

Em 1964, durante o governo de Jango Goulart, o medo das nacionalizações fez com que muitas propriedades mudassem de mãos no Bom Retiro. Havia judeus vendendo lojas pela metade do preço a outros que não temiam as mudanças sociais. Alguns achavam que a situação no país ia piorar e estavam partindo para Israel. Como a clientela de nossa construtora era em grande parte de judeus, muitos nos diziam: "Por que vocês não constroem em Israel?". Finalmente, em 1965, embora a situação política já fosse diferente, pois vivíamos um regime militar, Godel Kon e eu decidimos sondar o mercado israelense.

Eu tinha contatos, conhecia alguns ministros. Pinchas Sapir, ministro das Finanças, o homem mais ocupado do país, me recebeu numa sexta-feira à tarde. Nunca pensei que fosse tão fácil falar com um ministro.

Eu o conhecia de suas visitas ao Brasil, quando trabalhava no consulado. Era um homem grande e pesado, que comia muito. Morreu antes dos sessenta anos, de um ataque cardíaco fulminante. Numa dessas visitas, creio que em 1962 ou 1963, chegou a jantar em minha casa, em São Paulo. Quem organizou o encontro foi Dov Tzamir, enviado do Partido Trabalhista, ao qual eu pertencia. Num domingo de manhã, fomos, ele e eu, ao Hotel Jaraguá, onde o ministro estava hospedado, pedir-lhe que agendasse um encontro com simpatizantes em São Paulo. Ele concordou em nos encontrar no mesmo dia, em minha casa, às 5 da tarde. Foi uma correria para fazer os convites – cerca de sessenta – e preparar a recepção. Dada a hora do encontro, achamos por bem servir um jantar. Rosa saiu correndo a encomendar a comida. Não tínhamos pratos suficientes, que precisamos emprestar de amigos. O ministro quase nem comeu, e percebi que estava caindo de sono. Ofereci-lhe uma xícara de café, que o deixou mais desperto para falar aos convidados. Creio que fui feliz na minha apresentação, pois o comparei a Chaim Weizman, na época falecido, que em determinado momento de sua carreira de cientista, perguntado sobre sua pesquisa, respondeu: "Estou criando capacidade de absorção". Eu achava que Sapir era também, de certa maneira, um homem que preparava a "capacidade de absorção". Ele foi franco: "Minha falecida mãe costumava dizer que elogios e chá não fazem mal a ninguém". Então, falou sobre a situação de Israel, o que foi um incentivo ao nosso trabalho. Antes de partir, ele me disse: "Se precisar de alguma coisa em Israel, me procure".

UMA HISTÓRIA PARA MEUS NETOS 173

Naquela sexta-feira, quando o ministro concordou em me receber, eu já tinha entrado em contato com uma construtora, por intermédio de David Kissin, meio-irmão de meu amigo Isaac, que era arquiteto e conhecia bem o setor. Era um homem de honestidade à toda prova. Hoje, acho que, mais do que à minha dedicação ao trabalho, devo a posição que conquistei na vida à amizade de homens de grande valor. Os irmãos Kissin foram dois deles.

O empresário a quem ele nos apresentou, Aron Rubinstein, estava construindo vários prédios em um novo bairro em Holon, próximo de Tel-Aviv. Nossa idéia não era montar uma construtora, mas vender um desses empreendimentos no Brasil. Fechamos contrato para um de seus projetos: um edifício de 13 andares, 52 apartamentos de 134 m^2 de área útil, com três quartos e dois banheiros – um luxo, pois naquele tempo, em Israel, nem se sonhava em projetar um apartamento com mais de um banheiro. Acertamos as condições de pagamento: 30% do custo em dólares, de entrada, e os 70% restantes durante a construção. Não corríamos riscos, já que o edifício seria pago com o dinheiro dos compradores. Como tínhamos um contrato fechado em dólares, nossa margem de lucro, embora limitada, estava garantida. Cada apartamento saiu por 14.920 dólares; hoje, vale mais de 200 mil.

Quando Rosa e eu decidimos morar em Israel, algum tempo depois, decidimos ocupar um dos apartamentos desse imóvel, mas, como ele não estava completamente pronto, no início, alugamos uma casa por alguns meses.

Creio que a idéia de viver em Israel sempre esteve em meus planos, tanto é que, talvez inconscientemente, dei a minhas filhas nomes que se adaptariam bem em qualquer dos dois países. Mas, para Rosa, a situação era diferente. Ela não recebera educação judaica nem no sentido religioso e nem no histórico. Fora criada, como ela costuma dizer, numa casa que emanava judaísmo, sim, mas um judaísmo "negativo": era judia porque os judeus eram perseguidos, era judia porque seis milhões haviam morrido na guerra, era judia porque,

Eu, Leon Feffer, Isaac Kopenhagen e Isaac Pekelman com o ministro Aba Eban, em Congonhas, à época da captura de Eichman em Buenos Aires.

UMA HISTÓRIA PARA MEUS NETOS   175

se casasse com um *goi*, um dia ele acabaria lhe lançando na cara sua condição de judia. Tinha orgulho de ser judia, mas não sabia definir por que.

Depois que as meninas nasceram, Tamara em 1960 e Iara em 61, a continuidade do judaísmo estava constantemente presente em nossas conversas e preocupações. Rosa começou a perceber um sentimento muito forte, algo que, dizia, queria transmitir às nossas filhas. Começamos a pensar seriamente na possibilidade de nos mudarmos para Israel. Achávamos que aqui não se podia evitar a assimilação.

Apesar de nossa vontade, uma mudança definitiva comportava certo risco, porque, embora eu tivesse passado dois períodos em Israel, não tinha conhecimento da realidade econômica do país.

Do ponto de vista familiar, as coisas correram bem a princípio. Rosa se adaptou perfeitamente à nova vida. Aprendeu a cozinhar e, para as outras tarefas domésticas, contava com a ajuda de uma empregada em tempo parcial. Começou a fazer um curso de hebraico e, em seis meses, falava correntemente. As meninas foram para o jardim da infância e tinham uma vida tranqüila no bairro. Falavam hebraico com as amigas, embora Rosa conversasse com elas em português para que não esquecessem sua língua. É curioso como as crianças se adaptam em pouco tempo, porque, quando voltamos, falavam com sotaque israelense. Acho que elas guardam ótimas recordações desse período.

Cheguei a conhecer todos os sítios arqueológicos que me foram desvendados por David Kissin, então consultor de arquitetura do Departamento de Arqueologia de Israel. Numa dessas visitas, ganhei alguns fragmentos de cerâmica colorida, pedaços de um recipiente trazido da Europa pelos cruzados. Explicaram-me que era um sinal de que durante toda a sua permanência na região, que durou cerca de duzentos anos, eles não haviam produzido nada localmente, nem mesmo um vaso para água. Também ganhei uma lamparina de parede do tempo de Herodes, moldada numa cerâmica fina e leve, que fora encontrada nas escavações de Massada.

David Kissin me contou uma incrível história sobre relíquias arqueológicas. No inverno de 1947, um amigo seu, árabe, negociante

176 FISZEL CZERESNIA

de antigüidades em Jerusalém, apareceu dizendo que um beduíno havia trazido uns rolos que pareciam "ser coisa de muito valor". Queria uma soma considerável por eles. Como Kissin não tinha certeza de sua autenticidade, que precisaria ser comprovada por uma peritagem, não quis comprá-los. Soube depois que eram os Manuscritos do Mar Morto. Ele nem se arrependeu. Se os tivesse comprado, certamente os teria doado a alguma instituição.

Morávamos em Israel quando eclodiu a Guerra dos Seis Dias, o segundo acontecimento político-militar mais importante da história moderna de Israel, depois da Guerra da Independência.

Durante o desfile comemorativo da Proclamação do Estado, em 1967, em Jerusalém, o então chefe do Estado-Maior do Exército, Itzhak Rabin, foi avisado de que o presidente egípcio Gamal Abdel Nasser anunciara pelo rádio e pela tevê sua intenção de "libertar as terras árabes ocupadas por Israel" e que as forças armadas inimigas já estavam marchando em direção à fronteira. O anúncio havia sido dado enquanto as tropas desfilavam pelas ruas principais do Cairo, com muito estardalhaço. A partir daquele momento, o governo ordenou uma mobilização parcial de seus reservistas. Logo, já percebíamos que havia menos jovens nas ruas. A tensão começava.

A vida nas cidades parecia normal. Escritórios, bancos, fábricas e escolas funcionavam, embora com dificuldades, por causa da mobilização. Jovens ginasianos foram recrutados para exercer funções de carteiros e de auxiliares não especializados. Sabíamos que os hospitais estavam sendo esvaziados de seus pacientes menos necessitados de tratamento urgente, e notícias corriam, nunca oficiais é claro, de que jardins públicos eram sacralizados pelos rabinos para serem transformados em cemitérios provisórios. Em Tel-Aviv, dez mil caixões e mortalhas haviam sido encomendados. Um dos jornais do país anunciou que um religioso agrupava interessados para rezar os Salmos. Dizia: "Não se pode confiar apenas em milagres. É preciso fazer algo de prático!"

Encontro entre o embaixador de Israel nos EUA, Itzhak Rabin, e o embaixador de Israel no Brasil, Itzhak Arkavi.

Em companhia de Isaac Kopenhagen, Francisco Gothilf e Leon e Antonieta Feffer, no Pavilhão Oficial em Congonhas, aguardando um visitante ilustre de Israel.

UMA HISTÓRIA PARA MEUS NETOS

O que mantinha nossa moral elevada eram os contínuos comentários do chefe da Inteligência do Exército, porta-voz oficial e futuro presidente, Chaim Herzog. Dizia que era mais seguro estar num apartamento em Tel-Aviv do que ser piloto de bombardeiro egípcio.

Nossa vida familiar decorria normalmente. As meninas iam à escola, eu continuava no escritório e Rosa nos seus afazeres domésticos.

Como eu voltara ao Brasil entre os anos 1952 e 1965, estava destreinado do ponto de vista militar. Não era reservista, mas fui designado para o que chamavam de HAGA, divisão do Ministério da Defesa incumbida da defesa civil. Minhas tarefas eram, por exemplo, cuidar para que nada faltasse nos abrigos antiaéreos. Não podíamos esquecer os baldes de areia, a água potável e a reserva de alimentos, inspecionar o cumprimento de ordens de blecaute na minha vizinhança.

Em 1956, Israel, em conluio com a França e Inglaterra, havia invadido o Sinai, mas, sob pressão dos Estados Unidos e da União Soviética, suas tropas foram retiradas e um acordo foi estabelecido para que forças da ONU garantissem a fronteira Egito-Israel. Um batalhão do exército brasileiro estava entre as forças internacionais.

Em maio de 1967, Nasser forçou a retirada do contingente da ONU, e o secretário-geral da entidade, U. Thant, cedeu à pressão, descumprindo o acordo. Em 23 de maio, o estreito de Tiran foi fechado, bloqueando a navegação para o porto de Eilat. A reação de Israel foi imediata. Enviou o seu ministro das Relações Exteriores, Aba Ebban à França, onde ele se encontrou com o general De Gaulle, à Grã-Bretanha, para parlamentar com o primeiro-ministro, e aos Estados Unidos, onde encontraria o presidente Johnson para exigir o cumprimento do acordo internacional vigente sobre liberdade de navegação nos estreitos. Aba Ebban não foi bem sucedido, e só recebeu evasivas. Em Israel, entendemos que a guerra seria inevitável.

Os chefes militares pressionavam o governo para que iniciasse o confronto, pois consideravam o fechamento do estreito um ato de guerra. Em 1º de junho, um governo de união nacional foi constituído e Moshe Dayan assumiu o Ministério da Defesa no lugar do primeiro-ministro Eshkol, que acumulava as funções.

180   FISZEL CZERESNIA

Astucioso, Dayan deu folga no sábado, 3 de junho, a dez por cento de cada uma das unidades do exército. Em seguida, numa entrevista coletiva à imprensa mundial, fez uma declaração que surpreendeu a todos: "É muito cedo para uma manobra política e muito tarde para uma ação militar". No domingo, dezenas de correspondentes estrangeiros saíram de Israel, acreditando que não haveria confronto armado entre os dois países. O Estado-Maior do Egito chegou a festejar a "grande vitória diplomática" de Nasser. Dayan havia conseguido desmobilizar psicologicamente o exército egípcio.

Dia 5 de junho. As meninas foram à escola. Eu viajei a Ramat Hasharon para buscar Meilech Raicher, pai de meu amigo Benjamim, que estava mobilizado. No caminho, dei carona a um soldado que estava visivelmente nervoso.

– O que aconteceu? Você está preocupado? – perguntei.

– Você não sabe? – disse ele. – A guerra começou.

Liguei o rádio do carro: irradiava marchas militares e, nos intervalos, códigos de mobilização. Deixei o rapaz onde ele pretendia ficar e resolvi voltar imediatamente para casa. Na estrada, outra carona. Uma mulher que deixara seus filhos pequenos trancados em casa pedia que eu a levasse até um ponto do seu caminho. Quando cheguei perto de casa, percebi que todas as crianças do jardim de infância, entre elas, minhas filhas, estavam sendo entregues pelas professoras e ainda peguei a costureira, que lá estava para um dia de trabalho, sendo dispensada pela Rosa.

Às 8h15, sirenes de alarme foram acionadas, e no rádio, que ligamos imediatamente, só se ouviam marchas militares. Soubemos depois que exatamente às 7:45h todos os aeroportos militares foram alvo de um bombardeio sincronizado da aviação israelense, que destruiu, em terra, a aviação egípcia, em um ataque que não durou mais de 80 minutos. O horário havia sido escolhido com muita precisão, pois, entre 7 e 8 horas, os pilotos egípcios tomavam café da manhã. Resultado: 392 aeronaves destruídas em terra e mais 58 em batalhas aéreas que se seguiram. Enquanto isso, as forças blindadas iniciavam sua ofensiva no Sinai.

UMA HISTÓRIA PARA MEUS NETOS 181

Havíamos resolvido mandar as meninas para o Brasil para podermos, Rosa e eu, ficar em Bror Hayil, onde seríamos úteis. Um jornalista brasileiro que conhecíamos estava prestes a embarcar para cá e concordou em acompanhar Tamara e Iara. Levamos nossas filhas ao aeroporto: o avião sairia às 20 horas. O país estava sob blecaute e víamos clarões ao longe. Eram canhões da artilharia jordaniana.

O despacho dos passageiros seria feito no Hotel Avia, perto do aeroporto. Quando entramos no salão, ficamos chocados com a quantidade de pessoas, principalmente mulheres e crianças, que estavam à espera de seu vôo. A situação era caótica. Não encontramos nosso amigo jornalista, que, soubemos depois, havia desistido da viagem. Ficamos com medo de que as crianças se perdessem e resolvemos identificá-las com um crachá improvisado. Uma voz anunciou ao microfone que o vôo seria adiado por uma hora. Em seguida, outro adiamento. Rosa e eu estávamos cada vez mais preocupados, até que decidi nos dar um prazo. Se o avião não partisse até as 22 horas, voltaríamos todos para casa. Foi o que aconteceu.

À meia-noite, Moshe Dayan e Itzhak Rabin, anunciaram ao mundo a grande vitória. A força aérea de Israel havia destroçado em terra cerca de quatrocentas aeronaves militares egípcias e as colunas motorizadas e blindadas haviam rompido as linhas inimigas e avançavam no Sinai.

O rei Hussein, da Jordânia, movido pelos compromissos de cooperação militar com o Egito, e acreditando que Nasser estava vencendo a batalha contra Israel, ordenou o ataque de suas forças estacionadas em Jerusalém contra o lado judeu da cidade. Foram repelidas, mas a guerra, iniciada apenas contra o Egito, se ampliava.

Seis de junho. O avanço das forças israelenses em direção ao canal de Suez continuava. O exército egípcio estava em fuga e deixava atrás de si todo o seu equipamento militar. Na frente central, Israel ganhava terreno sobre as tropas jordanianas. Uma divisão de pára-quedistas da frente sul foi deslocada para Jerusalém.

Sete de junho, quarta-feira. O dia que entrou para a história como o *Iom Ieruschalaim*, Dia de Jerusalém. Após uma batalha san-

Recepção ao ministro Pinchas Sapir, na foto ladeado por Julio Schachnovitz, por mim e o *scheliakh* Golan.

UMA HISTÓRIA PARA MEUS NETOS

grenta, o exército judeu conquistou a cidade velha, nas mãos dos árabes desde a Guerra da Independência, em 1948. O Muro das Lamentações foi libertado. Os pára-quedistas, vindos de duras batalhas, choravam. Nós, em casa, não desgrudávamos do rádio. De repente, o locutor anunciou: *Har Habait Beiadeinu*! (O Monte do Templo está em nossas mãos!) e nesse momento, Schlomo Goren, rabino-chefe do exército, tocou o *shofar*. Choramos convulsivamente. Um sonho acalentado por gerações e gerações se realizava. Mais uma vez, dei-me conta da sorte e do privilégio que tive em poder compartilhar um momento histórico na longa trajetória do povo judeu.

Oito e nove de junho. O exército israelense consolidou sua brilhante operação militar. No sul, chegou ao canal de Suez e a Charm-El-Cheik, que dominava a entrada do estreito de Tiran. Na frente central, avançou até o rio Jordão, ocupando toda a Cisjordânia.

Dez de junho. A guerra acaba após a difícil conquista das Colinas do Golan. Encerrava-se uma guerra que, até hoje, é estudada nas academias militares como modelo de "guerra relâmpago".

Logo depois, passamos uma temporada de férias no Brasil. Infelizmente, mamãe estava doente e retornei a Israel já bastante preocupado.

Eu estava no escritório em Tel-Aviv, quando recebi um telefonema de Rosa.

– Fiszel, venha para casa.

Achei sua voz estranha. Eu estava indo e sabia... Assim que abri a porta, perguntei:

– Rosa, mamãe morreu?

Ela acabara de receber a notícia.

Minha mãe tinha 73 anos e era nada mais nada menos do que a típica mãe judia. Mulher de extremo bom senso, empurrava meu pai para a frente e soube criar harmonia entre os seis filhos. Diabética, havia sofrido um derrame meses antes, e ficara com a metade do corpo paralisada. Na época, vim visitá-la. Encontrei-a lúcida, mas impossibilitada de falar. Quando a vi, não pude segurar um soluço, e chorei. Aos poucos, ela foi melhorando e até nos escrevia, mas não tinha a mesma letra. Tenho saudades dela.

Depois da morte de mamãe, meu pai resolveu morar em Israel. Uma nova mudança, dessa vez aos 74 anos de idade. Quando ele partiu, eu disse: "Vá. Mas, se quiser voltar, volte". Ele viveu em Bror Hayil, onde fazia um trabalho leve na seleção de ovos. Estava perto de dois de seus filhos, Naftali e Sara, a caçula, que se mudara para Israel. Faleceu aos 92 anos.

Foi em 1968, ainda morávamos em Israel, que resolvemos ter outro filho. Quando Rosa estava no sexto mês de gravidez, fomos visitar nossas filhas, então com sete e seis anos, que passavam férias de verão num acampamento. De repente, no carro, quando estávamos voltando, ela me disse que estava perdendo sangue. Assim que chegamos a Tel-Aviv, foi internada. Era sábado.

Rosa foi acomodada numa ampla sala com outras pacientes, sem direito a acompanhante. Depois de passar o dia no hospital, eu ia dormir em casa. Mas Rosa teve muitas contrações e foi transferida para um quarto de terapia semi-intensiva, sozinha. Naquela noite, sentiu que estava tendo uma hemorragia. Desesperada, pedia que chamassem o médico, mas a enfermeira de plantão negava-se, alegando não se tratar de uma emergência. Para não ser incomodada em seu descanso irresponsável, fez exatamente o que não devia: sedou minha mulher, embora ela lhe implorasse para que a mantivessem consciente. "Não faça isso, pelo amor de Deus, vou perder a criança", gritava, até que uma senhora de idade, vizinha de quarto, veio saber o que estava se passando. Foi bruscamente empurrada para fora. Pela manhã, como a hemorragia continuasse, e ela já estava bastante anêmica, o médico decidiu realizar o parto sem demora, pois a mãe corria perigo de vida. Era 31 de julho.

Se fosse menino, chamar-se-ia Ofer, se fosse menina, Efrat, nomes formados com as letras de Frymet, minha mãe. O bebê nas-

Como Presidente da Organização Sionista, na abertura da VII Conferência das Comunidades Judaicas da América Latina.

Encontro com Shimon Perez.

UMA HISTÓRIA PARA MEUS NETOS

ceu. Era um menino. Nasceu vivo, chegou a respirar quinze minutos, meia hora talvez, mas não resistiu.

Logo, os médicos vieram, cabisbaixos, me sussurrar no corredor: "A criança está morta". Soube também que Rosa quase morrera. Quando a vi, um pouco depois, ela já sabia. Eu estava tão perturbado que não sei se consegui dar-lhe o apoio necessário.

Pouco depois, recebi o corpo da criança numa caixa de papelão. Sem saber o que fazer, telefonei a meu amigo Benjamim Raicher para pedir ajuda. Ele veio ao meu encontro sem demora. Ficamos olhando um para o outro, em silêncio. Eu não chorava, não conseguia. Jamais esquecerei o bem que ele me fez naquele dia, e, embora nunca me preocupe em contabilizar essas coisas, fiquei satisfeito em poder retribui-lhe o gesto de solidariedade quando, anos mais tarde, seus pais faleceram em São Paulo e me encarreguei dos sepultamentos.

Devíamos ir à delegacia de uma cidade próxima para retirar a certidão de óbito e a autorização para o enterro. No fim da tarde, de posse dos papéis, já no cemitério, entreguei a caixa a um funcionário. Não houve nenhuma cerimônia. Saímos cabisbaixos e eu não soube de mais nada.

Fui visitar minhas filhas no acampamento e contei que a mãe delas tinha sido internada no hospital, mas que o nenê havia morrido. No dia em que voltaram para casa, Rosa ainda estava em repouso. Repararam que, em cima da mesa, havia cartões-postais que a mãe pretendia enviar-lhes e não tivera forças para redigir. Rosa lhes explicou o que acontecera. As meninas choraram e ela lhes disse: "Vou dar um bicho a vocês", e comprou um casal de periquitos.

Anos mais tarde, estávamos em Israel, a caminho do *kibutz* Bror Chayil, quando Rosa, de repente, caiu num choro desesperado. A estrada passa perto do cemitério e ela pediu para entrar. Não achamos o túmulo de nosso filho. Na administração, ninguém conseguia nos dar informações precisas, ou melhor, sentimos que não queriam fazê-lo. Disseram que nada constava. No dia seguinte, resolvemos procurar a Chevra Kadisha, instituição responsável pelos enterros em Tel-Aviv. Um funcionário nos trouxe um livro de registros, onde vimos, assustados, meu nome, como

188 · FISZEL CZERESNIA

pai de uma criança nascida e falecida, e a data. Ele nos apontou o local da sepultura num mapa.

Voltamos ao cemitério. A criança estava enterrada num lugar chamado Kever Achim, um túmulo coletivo, em local próximo a monumentos erigidos em memória dos judeus mortos no holocausto. Reconhecemos a indicação porque havia um simples pedaço de madeira fincado no chão e um número. Como há pouco espaço naquele local, e a lei permite que se façam aterros de até três metros de altura; as mais antigas sepulturas vão sendo recobertas por novas. Meu filho estava lá embaixo. Quando Rosa se deu conta, não conseguia parar de gritar: "Coitadinho, coitadinho!", como aquelas mulheres que nas horas mais tristes não conseguem chorar, berram. Parecia que era a primeira vez que ela estava tendo contato com o menino. Rosa sofreu muito e repetia que o que mais lhe doía era não ter visto a criança de perto, nunca ter carregado o filho no colo, pensar que ele não havia conhecido sua voz. Entendemos naquele momento que devíamos ter feito um enterro, dado uma verdadeira sepultura a essa criança. Talvez aquela dor tivesse sido mais suportável.

Ao sair do cemitério, Rosa pegou uma planta que crescia no lugar e a trouxe para casa, no Brasil. Ela não se adaptou, murchou.

Na época, não nos demos conta das profundas marcas que essa perda nos deixaria, mas durante muito tempo, quando perguntavam a Rosa: "Quantos filhos você tem?", e ela respondia: "Duas filhas", sentia uma facada. A maior tristeza de minha vida foi a morte de nosso filho. Existe tristeza maior que essa? De todos os episódios por que passei, esse foi o mais terrível. Acho que superei essa perda. Nós nos amamos e tudo passa.

Antes de nos mudarmos para Israel, nossa construtora criou, juntamente com um grupo de amigos e interessados, a AMID – American Israel Development, sediada no Panamá, empresa que se especializaria em aplicações financeiras. A idéia era reunir um capital de um milhão de dólares. Cada um de nós quatro – meu sogro, meus dois cunhados e eu – entrou com 50 mil e o restante foi

Vó Sara com Tamara e Iara em Israel.

integralizado por outros investidores brasileiros. João Drucker dirigia o escritório no plano burocrático, eu era o presidente. David Davidson, comerciante estabelecido na Rua José Paulino, um de nossos acionistas, participou da direção da empresa e mudou-se para Israel.

Mas o país estava vivendo um período de recessão, *mitun* em hebraico. Depois de três anos, ainda não havia dividendos para distribuir aos acionistas. Os negócios iam mal e, muito a contragosto, fomos levados a encerrar nossas atividades. Na liquidação, controlada por auditores oficiais, todos os investidores foram ressarcidos. Para cada 100 dólares investidos houve um retorno de 73 dólares, resultado ruim, é claro, mas não catastrófico se comparado ao de outras empresas do setor, que, em média, retornavam 35% das aplicações. Fiquei muito amargurado. Além de estar sem trabalho, pois vivia de meu pró-labore como diretor, havia uma indisfarçável sensação de fracasso. Eu não tinha como manter nosso nível de vida e achava que devíamos voltar ao Brasil, mas Rosa não concordava.

Não era a ideologia, o sionismo, que estava em jogo, mas as dificuldades do dia-a-dia que me levaram a essa proposta. Minha mulher entendeu e acabou aceitando. Vendemos o apartamento, com tudo o que tinha dentro, vendi o carro para um vizinho e trouxe um pouco de dinheiro. Voltamos em janeiro de 1969.

Não sei dizer como teria sido nossa vida se tivéssemos continuado lá. Talvez tenha me faltado mais empenho, disposição para tentar abrir um caminho novo, mas hoje, olhando para trás, penso que não havia outra solução.

Trouxe um sentimento de derrota, uma sensação de fracasso comigo mesmo por não ter conseguido realizar meu sonho. Entretanto, acho que valeu a pena; ao invés de se enfraquecer, minha ligação com Israel se fortaleceu. Para Rosa e para nossas filhas também, a estada em Israel foi muito positiva, porque suas raízes judaicas ganharam nova dimensão.

No Brasil, a construtora crescia. Reassumi minhas funções.

Chegamos a ter quatro empresas: a Kon Engenharia e Construções, construtora; a Diâmetro Empreendimentos, incorporadora; a Prisma Empreendimentos Imobiliários, corretora; além da Prisma Industrial, especializada em construções industriais. As nossas firmas conseguiram desenvolver durante os mais de 30 anos de atividade, um relacionamento de mútua confiança e amizade com seus sócios executivos e funcionários, tendo como exemplo Abraham Cukierman. E, em 1993, decidimos reduzir drasticamente nossas atividades.

Resolvi me afastar dos negócios. Era um projeto antigo que eu não conseguia realizar por causa dos muitos compromissos e que acabei postergando por cinco anos ou mais. Em mais de três décadas de sociedade, a relação entre nós, sócios, sempre foi de absoluta confiança. Considero meus cunhados verdadeiros irmãos. Tive uma relativa satisfação profissional e amealhei um patrimônio razoável. Não tenho queixas, estou satisfeito com o que tenho.

Depois da volta ao Brasil, reassumi minha atividade comunitária. Presidi as Organizações Sionista Unificada do Brasil e de São Paulo, de 1980 a 1984, mas o movimento sionista vem perdendo importância desde a Proclamação do Estado de Israel, já que seu objetivo básico – construir um Estado Judeu – expresso no Congresso da Basiléia, foi concretizado.

Desde 1982, sinto satisfação e orgulho de fazer parte da diretoria da Associação Universitária de Cultura Judaica (AUCJ) cuja finalidade é incentivar e promover o estudo judaico em nível acadêmico. A entidade foi criada no Brasil pelo sr. Leon Feffer, após ter participado de uma reunião do International Center for University Teaching of Jewish Civilization na residência do presidente de Israel, Itzhak Navon. Trata-se de um fórum que se reúne periodicamente em Israel, sempre na residência do presidente, e é constituído por intelectuais judeus da Diáspora e de Israel.

Sob a liderança e com a dedicação do sr. Leon Feffer, um grupo de membros da comunidade judaica, entre os quais meus amigos de longa data, os professores Rifka Berezin e Jacó Guinsburg, tem realizado um trabalho de grande importância para as relações culturais e acadêmicas entre Brasil e Israel, e para o ensino do judaísmo, mantendo convênios com a USP, a PUC-SP, a Unicamp, a Universidade Mackenzie e a FAAP.

Não sou poeta para exprimir o quanto os filhos nos tocam por dentro. Esses sentimentos, eu sei, são muito importantes. São os mais importantes.

Já me perguntei se a ânsia de casar as filhas não estava no meu inconsciente. Percebi-me impregnado pela mentalidade do judeu das pequenas cidades da Europa, que carrega uma preocupação desde o dia em que lhe nasce uma menina: casá-la. Como ele, que mal conseguia sobreviver, teria meios de dar-lhe um dote?

A idéia de eu celebrar o casamento de nossas filhas partiu de Rosa, que já tinha tido uma experiência parecida em sua família. Seu irmão Samuel e sua cunhada, Fany, haviam sido unidos pelo pai da noiva, Icko Kukawka. Com relação à religião e às formalidades rabínicas, tanto minha mulher quanto as meninas têm uma posição semelhante à que defendo. Por isso, acima de tudo, queríamos celebrar nosso amor e nossa união familiar. Sabia que eu realizaria um ato com *schleimut*, palavra que tem a raiz de *schalom*, paz, e significa algo íntegro, total e completo.

Qualquer judeu pode celebrar essa cerimônia desde que siga algumas regras, como, por exemplo, a de formalizar o compromisso diante de três testemunhas. A lei mosaica permite até casamentos por procuração. Nesse caso, há uma troca de presentes mediante um enviado, o *schaliakh*, diante de três testemunhas, e a entrega tem o significado de comprometimento. A partir daquele instante, o casal pode se considerar casado.

Eu me preparei com o cantor Carlos Slivkin. Na verdade, já tinha um pouco de experiência, porque havia dado aulas ao Fábio, meu sobrinho, filho do João, preparando-o para seu *bar mitzvá*. Conhecia o texto que deve ser lido em matrimônios e seu significado em português, mas ensaiei a entonação e os cânticos.

As cerimônias de casamento de Tamara e de Iara foram realizadas no jardim de casa, em Itapecerica, em 1986. Primeiro a de Tamara e Milton e um mês depois, a de Iara e Zezinho.

Posso dizer que ganhamos dois filhos.

Celebrando os casamentos de Tamara e Milton, e de Iara e José, tendo ao lado nosso amigo rabino Henry Sobel.

Desde 1945 atuo no Fundo Comunitário – Keren Hayessod, instrumento financeiro da Agência Judaica e da Organização Sionista Mundial. Quando da comemoração dos seus 75 anos de existência, a organização convidou ativistas do mundo inteiro com mais de 25 anos de trabalho, para participarem de uma homenagem, que lhes seria prestada em Israel. De São Paulo fomos, meu companheiro Alfred Goldberg e eu. Tinha a meu crédito 50 anos de atividade quase ininterrupta.

Participei de inúmeras delegações e missões em Israel. Todas elas, de uma ou de outra forma, deixaram sua marca na consolidação dos meus laços com Israel. Esta última, porém, teve um significado todo especial. Por sugestão da Rosa, convidei a Tamara para me acompanhar. Ela é ativista da Divisão Feminina do Fundo Comunitário e fiquei muito orgulhoso ao apresentá-la como continuadora da tradição paterna. Das homenagens que têm sido prestadas aos *ascanim,* durante todos estes anos, esta foi a que mais me tocou.

Tivemos um emocionante encontro, em Bersheva, com os imigrantes etíopes, que culminou com a apresentação de um coral de meninas, que cantou músicas hebraicas, sob a regência de uma professora, imigrante da Rússia. Este episódio, para mim, mais do que discursos e palestras, simbolizou o verdadeiro significado do *kibutz galuiot* – a reunião das diásporas. Chorei.

No dia seguinte, viajamos até as localidades de Nitzana e Kadesh Barnea, na fronteira com o Egito. Nitzana, em pleno deserto, foi estabelecido como centro de aprendizado, onde se revezam grupos de jovens, que são colocados em contato com a realidade da única e grande extensão territorial que resta para o desenvolvimento do país. Esse empreendimento é obra de Lova Eliav. Lova é considerado o último dos grandes idealistas, que construíram o Estado de Israel. Ele representa a *"Israel haiafá"*, a Israel bonita, dos pioneiros desbravadores e combatentes. Um visionário realizador e herói da história moderna de Israel.

Kadesh Barnea, que se presume ser o local mencionado na Bíblia, no episódio da saída do Egito, foi mostrado por Lova, em um grande mapa, como a encruzilhada histórica dos caminhos que iam

UMA HISTÓRIA PARA MEUS NETOS   195

do Mar Vermelho para o Mediterrâneo e do Egito à Mesopotâmia, via
Israel atual. Lova sonha alto. Na região, foram localizados enormes
reservatórios de água, com índice de salinidade dez vezes superior ao
do Mediterrâneo. Não entendi as explicações técnicas do jovem agrô-
nomo, mas o resultado de seu trabalho estava bem à vista: uma criação de peixes em tanques cobertos com temperatura da água e do ar
controlados e sistema de alimentação informatizado que permitem
uma produção dez vezes superior, por volume de água, do que a da
Galiléia; uma plantação de flores e tomates em enormes estufas. Os
tomates, que Tamara e eu provamos, doces, são vendidos em super-
mercados de luxo na Alemanha.

O ponto culminante de nossa viagem, foram os dois encontros

Parece um milagre, mas como dizia Ben Gurion – "Em Israel
quem não acredita em milagres não é realista". Temo que sem elevados subsídios, este empreedimento não ofereça viabilidade econômica, mas olhando para as realizações de Israel, não tenho o direito de
duvidar de sonhos.

O ponto culminante de nossa viagem, foram os dois encontros
com Itzhak Rabin. Primeiro, com um grupo restrito, em seu ministério e à noite, no amplo salão do hotel Hayat. Rabin, às vésperas de
sua viagem aos Estados Unidos, inspirou-nos admiração e confiança.
Quem poderia prever o terrível pesadelo, que nos atingiria pouco tempo
depois?...

מ

O DESTINO NOS LEVA POR CAMINHOS INESPERADOS...

É interessante como o destino nos leva por caminhos inespera-dos... Há alguns meses, enquanto convalescia de uma pneumonia, soube que *Mosaico*, programa dirigido à comunidade judaica de São Paulo, no ar desde os anos 1940, estava de volta ao rádio depois de uma ausência de quinze anos. Liguei para Francisco Gotthilf, responsável pelo empreendimento. Ele comentou que incluiria notícias atualizadas sobre Israel, e sugeriu: "Por que você não assume a programação?"

Em segundos, lembrei-me da Polônia, das tardes de sábado na casa de estudos, onde o velho judeu lia o jornal em voz alta para seus companheiros e do Bom Retiro, do menino judeu que lia os jornais em voz alta para Meilech *schister*, o rei dos sapateiros, seu velho amigo comunista. Imaginei o que seria ter um canal de comunicação para vei-cular notícias sobre Israel. Era algo que me parecia muito interessante.

Aceitei com entusiasmo. Assim, desde outubro desse ano, entro no ar todas as manhãs, ao vivo, na Rádio Mundial, durante sete a oito minutos, uma função que, embora me dê bastante trabalho, me deixa satisfeito.

Montar o programa de notícias não foi difícil, pois matéria-prima eu tinha, e abundante. Recebo há anos um resumo da imprensa diária israelense, em hebraico, elaborado pelo Ministério do Exterior e distribuído pelo consulado para uma dezena de pessoas em São Paulo. Além disso, assino o *Haaretz*, que me chega semanalmente. Seleciono o que me parece mais significativo para o ouvinte, resumo, traduzo e edito. Também escrevo comentários com a ajuda de Rosa, que já navega com desenvoltura pela Internet e consegue muito material ainda inédito. A massa de informações que consigo compilar ultrapassa de longe o que se lê no dia-a-dia da grande imprensa brasileira. Passei a divulgar para muitos aquilo que era reservado a poucos. Às vezes, porém, sei que contrario os preceitos do jornalismo isento, e me envolvo, me emociono a ponto de perder a voz por causa das lágrimas.

Tel-Aviv, 4 de novembro de 1995. Na praça, a multidão cantava o

Hino à Paz

Deixem o sol nascer
e iluminar a manhã!
O lamento das preces
de volta não nos trará
aquele cuja chama se apagou
e na terra foi sepultado.

Pranto amargo não o erguerá
e nem de volta o trará.
Da cova profunda e escura
ninguém nos trará.
De nada valerá a alegria da vitória
ou o hino de louvor
Não murmurem preces,
cantem hinos à Paz!

Num grande clamor,
cantem hinos à Paz!

Deixem o sol penetrar entre as flores.
Deixem os que se foram,
não olhem para trás.

Mirem a esperança,
não a mira do fuzil.

Com Tamara, entre as plantações de tomates de Kadesh Barnea.

Junto a imigrantes etíopes em Beersheva.

Cantem hinos ao amor
e não à guerra!

Não digam: "Dia virá",
façam esse dia chegar.
Não é um sonho.
Em todas as praças,
exaltem a Paz!

Instantes mais tarde, um ato inconcebível de terrorismo. Itzhak Rabin, ferido. Mortalmente ferido.

São Paulo, urgente. Soube do atentado pela CNN. A emoção foi terrível, profunda. Nunca imaginei que um crime pudesse me abalar tanto. Na manhã seguinte, falei sete minutos de um único assunto – e poderia ter outro? – e o título de minha mensagem foi "Dor e vergonha", exatamente o que eu sentia.

... Por um lado, a profunda dor; por outro, a profunda vergonha de ver um judeu fazer o que fez. Não sei por que estou tão emocionado, talvez porque me sinta responsável. Como diz o Talmud: "Nós, judeus, somos responsáveis uns pelos outros".

O atentado havia sido premeditado e preparado. Não importa se iniciativa individual ou complô, era resultado do clima de violência criado pelo fanatismo e pelo nacionalismo da direita. A mão do assassino fora armada psicologicamente por líderes religiosos e políticos extremistas de direita.

... Ao proclamar que a terra que Deus deu nenhum governo tem o direito de devolver, os religiosos e a direita consideram ilegítimo o acordo de paz aprovado pela maioria parlamentar. Deslegitimam a atuação do governo e legitimam o assassinato. Falam em violência e provocam a violência.

Durante quase trinta anos, desde a Proclamação da Independência, a maioria dos partidos religiosos, em um pacto histórico, participou de todos os governos em coalizão com o Partido Trabalhista e sempre apoiou sua política. A partir da Guerra dos Seis Dias, da conquista de cidades bíblicas como Hebron, Shchem ou Nablus, e principalmente da parte oriental de Jerusalém, onde está o Muro das Lamentações, novas idéias nasceram no seio da comunidade religiosa. A tomada foi vista como o prenúncio da era messiânica. A idéia criava raízes e a tese segundo a qual as terras conquistadas eram a concretização do pacto entre Deus e povo judeu ganhava corpo.

Enquanto se limitou somente à comunidade religiosa de Jerusalém, essa ideologia não constituía grande problema, porque a influência dos estudantes de seminários rabínicos, que não serviam o exército, era reduzida. A questão tornou-se relevante quando o fundamentalismo atingiu a universidade de Bar Ilan, a terceira mais importante do país, que fornece os quadros do partido nacional religioso, o Mizrachi. Por outro lado, o rabino-chefe de Israel, rabino Lau, ortodoxo de mente aberta, achava que o fato básico de as terras terem sido dadas por Deus ao povo judeu não estava em discussão. "Quando se tem um membro doente, é preciso eliminá-lo para salvar a vida", diz. É preferível termos um Estado menor, mas que seja um Estado judaico. Concordo com isso.

Acredito que os povos são dominados pelo seu inconsciente coletivo e, quando penso nos três mil anos de história judaica, a perspectiva não é nada otimista. Sempre houve grupos lutando entre si dentro de Israel. Quando Jerusalém estava cercada pelos romanos, por exemplo, foram extremistas judeus que provocaram o incêndio dentro dos muros da cidade. Acreditavam que o exército não podia ficar cercado, aguardando os inimigos, por isso atearam fogo aos depósitos de alimentos: desabastecidos, seriam obrigados a enfrentá-los e sair... Houve tambem os sicários, extremistas que assassinavam seus inimigos políticos por volta da metade do primeiro século da nossa era...

Desde os quinze anos, quando se alistou na Haganah, até sua morte, aos 73 anos, Rabin dedicou toda a vida ao povo judeu. Participou da Guerra da Independência, concorreu para a libertação da parte judaica de Jerusalém, foi chefe do Estado-Maior na Guerra dos Seis Dias, embaixador, ministro da Defesa e o primeiro primeiro-ministro *sabra* nascido em Jerusalém. Granjeou o amor da parte sadia e racional dos judeus dentro e fora do país e o respeito dos estadistas de todo

UMA HISTÓRIA PARA MEUS NETOS 203

o mundo. Considerado um cerebral, uma máquina de pensar, soube analisar adequadamente as circunstâncias políticas do momento.

Já em 1992, Rabin havia declarado que dominamos 2 milhões de árabes que têm identidade cultural, religiosa e nacional e não aceitam a dominação. Sua luta é pela autodeterminação. Se os judeus continuarem ocupando a margem ocidental, o que vai acontecer? Para os da direita, os árabes deveriam viver com autonomia, mas sem direito a voto, o que é um absurdo, porque criaríamos o *apartheid*. O problema é que, se concedermos esse direito aos árabes – 2 milhões de árabes da Cisjordânia e de Gaza, mais 1 milhão de árabes israelenses –, teremos um Estado judeu com 4,5 milhões de judeus e 3 milhões de árabes. A longo prazo, haveria um Estado binacional, porque, no momento em que tiverem direito a voto, os árabes formarão um governo árabe e aos poucos poderão até eleger um primeiro-ministro. Aí, o sonho do Estado judeu terá acabado.

Israel se encontra numa encruzilhada histórica: de um lado, o bom senso e a racionalidade, de outro, o fanatismo nacionalista e religioso. Rabin dizia que Israel era um país onde pais enterram filhos e que devíamos dar um basta a essa tragédia. Quais são as perspectivas para o país? É difícil fazer prognósticos. A união nacional é necessária, mas em que direção?

O corpo da nação exibe profunda ferida, que não pode ser escondida com uma simples atadura. Antes é necessário curar a ferida, sem o que a união será uma falsa união.

Como dizia o profeta Jeremias, e não canso de repetir:

Falsos profetas e falsos sacerdotes curam superficialmente a ferida do meu povo. Dizem: Paz! Paz! Mas não há paz.

Este livro foi impresso na
LIS GRÁFICA E EDITORA LTDA.
Rua Felício Antonio Alves, 370 – Jd. Triunfo – Bonsucesso
CEP 07175-450 – Guarulhos – SP – Fone. (011) 6436-1000
Fax.: (011) 6436-1538 – E-Mail: lisgraf@uninet.com.br